LA LEY
Y LA PROMESA

Descubre El Poder De La Imaginación Para Transformar Tu Realidad

Colección de lujo

Por
Neville Goddard
Imaginatio Divina Media

Publicado en 2024 por Imaginatio Divina Media.

Sitio web: www.imaginatiodivinamedia.com

LA LEY Y LA PROMESA.
Copyright © 2024 Imaginatio Divina Media. Reservados todos los derechos.

Ninguna parte de este libro puede usarse, reproducirse o transmitirse de ninguna forma (electrónica, fotocopia, grabación o de otro modo) sin el permiso previo por escrito del autor, excepto citas breves utilizadas en artículos y reseñas críticas. No se asume ninguna responsabilidad por el uso de la información contenida en este libro. Aunque se han hecho todos los esfuerzos posibles para garantizar la exactitud, el autor y el editor no asumen ninguna responsabilidad por errores u omisiones. Además, no se asume ninguna responsabilidad por los daños resultantes del uso de la información proporcionada en este documento.

ISBN: 979-8-3305-3105-9

Contenido

LA LEY Y LA PROMESA

Contenido

RESUMEN

CONTEXTO MODERNO

LA LEY Y LA PROMESA

LA LEY: IMAGINAR CREA LA REALIDAD

HABITAR EN EL INTERIOR

GIRA LA RUEDA HACIA ATRÁS

NO ES FICCIÓN

HILOS SUTILES

FANTASÍA VISIONARIA

ESTADO DE ÁNIMO

A TRAVÉS DEL ESPEJO

ENTRANDO

COSAS QUE NO SE VEN

EL ALFARERO

ACTITUDES

TRIVIALIDADES

EL MOMENTO CREATIVO

LA PROMESA

TEMAS CLAVE

CONCLUSIÓN

PLAN DE ACCIÓN PARA LA APLICACIÓN DIARIA

GLOSARIO DE CONCEPTOS CLAVE

LECTURAS RECOMENDADAS

CRONOLOGÍA DE LA VIDA DE NEVILLE GODDARD

ACERCA DE LOS AUTORES

RESUMEN
DE *LA LEY Y LA PROMESA*:

El concepto clave gira en torno a la idea de que la imaginación crea la realidad. Neville subraya que todos los acontecimientos y circunstancias de la vida están moldeados por nuestros actos imaginarios, ya sea consciente o inconscientemente. Sugiere que la imaginación humana no sólo es un poder creativo, sino que también es de naturaleza divina, lo que la vincula a Dios. Según Neville, la imaginación es a la vez transformadora y conservadora, lo que significa que puede crear nuevas realidades y mantener las actuales.

El libro está repleto de ejemplos prácticos e historias de personas que utilizaron su imaginación para manifestar sus deseos, ya fuera una nueva casa, el éxito en los negocios o una relación satisfactoria. Estas historias pretenden demostrar que a través de la imaginación enfocada, vívida y emocional de un resultado deseado, uno puede traer ese resultado a su realidad vivida.

Neville también diferencia entre la imaginación divina y la humana, señalando que son esencialmente el mismo poder, pero difieren en intensidad. Cuando la imaginación tiene un "tono alto", los resultados se manifiestan rápida y vívidamente. Por el contrario, cuando está "baja", los resultados aparecen a lo largo de un proceso temporal. Neville anima a los lectores a utilizar sus actos imaginarios para "vivir en el final" de sus deseos, para sentir que su deseo ya se ha cumplido, ya que esta mentalidad alinea su realidad con sus deseos.

El mensaje central de Neville es que la imaginación es la causa raíz de todos los acontecimientos, y que controlando y dirigiendo la propia imaginación, las personas pueden crear la realidad que desean.

CONTEXTO MODERNO
POR *LA LEY Y LA PROMESA*:

Los principios de Neville Goddard de que la imaginación crea la realidad se alinean estrechamente con temas contemporáneos como la neurociencia del pensamiento positivo, la atención plena y la ley de la atracción. Estas áreas de estudio y práctica ofrecen fundamentos científicos y filosóficos que pueden resonar con los lectores que buscan una comprensión más fundamentada y actual de los conceptos espirituales.

1. La neurociencia del pensamiento positivo: La investigación moderna en neurociencia apoya la idea de que los pensamientos influyen en la estructura y función de nuestro cerebro a través de la neuroplasticidad. Los pensamientos positivos repetidos y las visualizaciones, como sugirió Neville, pueden fortalecer las vías neuronales asociadas con los resultados deseados. Esto refleja su afirmación de que imaginar un deseo cumplido reconfigura nuestra realidad al cambiar nuestro enfoque mental hacia lo que queremos.

2. Atención plena: La práctica de la atención plena hace hincapié en el conocimiento del presente y la atención consciente, lo que concuerda con las enseñanzas de Goddard sobre "vivir al final". La idea de Neville de encarnar el sentimiento de un deseo ya cumplido refleja el principio de mindfulness de estar plenamente presente y comprometido en cada momento. Ambas prácticas se centran en alinear los estados mentales y emocionales para dar forma a una realidad deseada.

3. Ley de la atracción: La ley de la atracción, popularizada en los movimientos contemporáneos de autoayuda, se hace eco de las enseñanzas de Goddard sobre la imaginación. Sugiere que lo semejante atrae a lo semejante y que centrarse en los resultados positivos hará que se manifiesten en nuestra vida. El énfasis de Goddard en la inversión emocional en actos imaginarios se corresponde directamente con el enfoque de la ley de la atracción sobre la importancia de alinear las emociones y los pensamientos con los propios deseos para hacerlos realidad.

Estas conexiones hacen que las enseñanzas de Neville Goddard sean muy relevantes en el panorama espiritual y psicológico actual, tendiendo un puente entre los conceptos místicos y las prácticas con base científica.

LA LEY Y LA PROMESA

Por Neville Goddard
(1961)

Y ahora, ve, escríbelo delante de ellos en una tabla, e inscríbelo en un libro, para que quede por para siempre.

ISAÍAS 30:8

Quiero expresar mi más sincero agradecimiento a los cientos de hombres y mujeres que me han escrito hablándome de su uso de la imaginación para crear un bien mayor para los demás, así como para ellos mismos; para que nos sintamos mutuamente alentados por la fe de los demás. Una fe fiel a la realidad invisible de sus actos imaginarios.

La limitación de espacio no permite publicar todos los relatos en este único volumen. En la difícil tarea de seleccionar y organizar este material, Ruth Messenger y Juleene Brainard han prestado una ayuda inestimable.

NEVILLE

CAPÍTULO UNO
LA LEY: IMAGINAR CREA LA REALIDAD

"El Hombre es todo Imaginación. Dios es Hombre y existe en nosotros y nosotros en Él... El Cuerpo Eterno del Hombre es la Imaginación es decir, Dios mismo"
BLAKE

El propósito de la primera parte de este libro es mostrar, a través de historias reales, cómo la imaginación crea la realidad. La ciencia progresa mediante hipótesis que se prueban provisionalmente y que luego se aceptan o rechazan según los hechos de la experiencia. La afirmación de que imaginar crea realidad no necesita más consideración que la que permite la ciencia. Se demuestra en la práctica.

El mundo en que vivimos es un mundo de imaginación. De hecho, la vida misma es una actividad de la imaginación. "Para Blake", escribió el profesor Morrison de la Universidad de St. Andrews, "el mundo se origina en una actividad divina idéntica a lo que nosotros mismos conocemos como la actividad de la imaginación"; siendo su tarea "abrir los ojos inmortales del hombre hacia el interior de los mundos del pensamiento, hacia la eternidad, siempre en expansión en el seno de Dios, la Imaginación Humana".

Nada aparece o continúa existiendo por un poder propio. Los acontecimientos ocurren porque actividades imaginarias comparativamente estables los han creado, y continúan existiendo sólo mientras reciben ese apoyo. "El secreto de imaginar", escribe Douglas Fawcett, "es el mayor de todos los problemas a cuya solución aspira el místico. El poder supremo, la sabiduría suprema, el deleite supremo residen en la lejana solución de este misterio."

Cuando el hombre resuelva el misterio de imaginar, habrá descubierto el secreto de la causalidad, y éste es: Imaginar crea la realidad. Por lo tanto, el hombre que es consciente de lo que está imaginando sabe lo que está creando; se da cuenta cada vez más de que el drama de la vida es imaginal, no físico. Toda actividad es, en el fondo, imaginal. Una imaginación despierta trabaja con un propósito. Crea y conserva lo deseable, y transforma o destruye lo indeseable. La imaginación divina y la imaginación humana no son dos poderes, sino uno solo. La distinción válida que existe entre los dos aparentes no radica en la sustancia con la que operan, sino en el grado de intensidad del propio poder operante. Actuando a alta tensión, un acto imaginal es un hecho objetivo inmediato. Con una tensión baja, un acto imaginario se realiza en un proceso temporal. Pero tanto si la intensidad de la imaginación es alta como baja, es la "Realidad última, esencialmente no objetiva, de la que los objetos brotan como fantasías repentinas". Ningún objeto es independiente de la imaginación en algún nivel o niveles. Todo en el mundo debe su carácter a la imaginación en uno de sus diversos niveles. "La realidad objetiva", escribe Fichte, "se produce únicamente a través de la imaginación". Los objetos parecen tan independientes de nuestra percepción de ellos que nos inclinamos a olvidar que deben su origen a la imaginación. El mundo en que vivimos es un mundo de imaginación, y el hombre -a través de sus actividades imaginarias- crea las realidades y las circunstancias de la vida; esto lo hace a sabiendas o sin saberlo.

Los hombres prestan muy poca atención a este don inestimable -la imaginación humana- y un don es prácticamente inexistente a menos que se posea conscientemente y se esté dispuesto a utilizarlo. Todos los hombres poseen el poder de crear la realidad, pero este poder duerme como si estuviera muerto, cuando no se ejerce conscientemente. Los hombres viven en el corazón mismo de la creación -la imaginación humana- y, sin embargo, no son más sabios por lo que ocurre en ella. El futuro no será fundamentalmente diferente de las actividades imaginarias del hombre; por lo tanto, el individuo que puede convocar a voluntad cualquier actividad imaginaria que le plazca y para quien las visiones de su imaginación son tan reales como las formas de la naturaleza, es dueño de su destino.

El futuro es la actividad imaginal del hombre en su marcha creadora. La imaginación es el poder creador no sólo del poeta, el artista, el actor y el orador, sino también del científico, el inventor, el comerciante y el artesano. Su abuso en la creación desenfrenada de imágenes desagradables es obvio; pero su abuso en la represión indebida engendra una esterilidad que roba al hombre la riqueza real de la experiencia. Imaginar soluciones novedosas a problemas cada vez más complejos es mucho más noble que huir de los problemas. La vida es la solución continua de un problema continuamente sintético. Imaginar crea acontecimientos. El mundo, creado a partir de la imaginación de los hombres, se compone de un sinnúmero de creencias enfrentadas; por lo tanto, nunca puede existir un estado perfectamente estable o estático. Los acontecimientos de hoy están destinados a perturbar el orden establecido ayer. Los hombres y mujeres imaginativos invariablemente perturban una paz mental preexistente.

No te inclines ante el dictado de los hechos y aceptes la vida sobre la base del mundo exterior. Afirma la supremacía de tus actos imaginarios sobre los hechos y somete todas las cosas a ellos. Aférrate a tu ideal imaginario. Nada puede arrebatártelo sino tu incapacidad de persistir en imaginar el ideal realizado. Imaginar sólo los estados que son de valor o prometen bien. Intentar cambiar las circunstancias antes de cambiar tu actividad Imaginal, es luchar contra la naturaleza misma de las cosas. No puede haber ningún cambio exterior hasta que no haya primero un cambio imaginal. Todo lo que hagas, si no va acompañado de un cambio imaginal, no es más que un reajuste fútil de las superficies. Imaginar el deseo cumplido produce una unión con ese estado, y durante esa unión te comportas de acuerdo con tu cambio imaginal. Esto demuestra que un cambio imaginario dará lugar a un cambio de comportamiento. Sin embargo, las alteraciones imaginarias ordinarias que se producen al pasar de un estado a otro no son transformaciones, porque a cada una de ellas le sucede rápidamente otra en sentido inverso. Pero cuando un estado se vuelve tan estable que se convierte en tu estado de ánimo constante, en tu actitud habitual, entonces ese estado habitual define tu carácter y es una verdadera transformación.

¿Cómo se hace? ¡Auto-abandono! Ese es el secreto. Debes abandonarte mentalmente a tu deseo cumplido en tu amor por ese estado, y al hacerlo, vivir en el nuevo estado y no más en el viejo. No puedes comprometerte con lo que no amas, de modo que el secreto del autocompromiso es fe-más amor. Fe es creer lo que es increíble. Comprométete con el sentimiento del deseo cumplido, con fe en que este acto de autocompromiso se hará realidad. Y debe hacerse realidad porque imaginar crea realidad.

La imaginación es a la vez conservadora y transformadora. Es conservadora cuando construye su mundo a partir de imágenes suministradas por la memoria y la evidencia de los sentidos. Es creativamente transformadora cuando imagina las cosas como deberían ser, construyendo su mundo a partir de los generosos sueños de la fantasía. En la procesión de imágenes, las que tienen prioridad -naturalmente- son las de los sentidos. Sin embargo, una impresión sensorial presente no es más que una imagen. No difiere en su naturaleza de la imagen de un recuerdo o de la imagen de un deseo. Lo que hace que una impresión sensorial presente sea tan objetivamente real es la imaginación del individuo funcionando en ella y pensando a partir de ella; mientras que, en una imagen de la memoria o un deseo, la imaginación del individuo no está funcionando en ella y pensando a partir de ella, sino que está funcionando fuera de ella y pensando en ella.

Si entraras en la imagen en tu imaginación, entonces sabrías lo que es ser creativamente transformador: entonces realizarías tu deseo; y entonces serías feliz. Toda imagen puede encarnarse. Pero a menos que tú mismo entres en la imagen y pienses desde ella, es incapaz de nacer. Por lo tanto, es el colmo de la locura esperar que el deseo se realice por el mero paso del tiempo. Lo que requiere ocupación imaginativa para producir su efecto, obviamente no puede efectuarse sin tal ocupación. No se puede estar en una imagen y no sufrir las consecuencias de no estar en otra.

La imaginación es sensación espiritual. Entra en la imagen del deseo cumplido, luego dale vivacidad sensorial y tonos de realidad actuando mentalmente como actuarías si fuera un hecho físico. Esto es lo que entiendo por sensación espiritual. Imagina que tienes una rosa en la mano. Huélala. ¿Detecta el olor de las rosas? Pues bien, si la rosa no está ahí, ¿por qué está su fragancia en el aire? A través de la sensación espiritual, es decir, a través de la vista, el oído, el olfato, el gusto y el tacto imaginarios, puedes dar a la imagen viveza sensorial. Si haces esto, todas las cosas conspirarán para ayudar a tu cosecha y, al reflexionar, verás lo sutiles que eran los hilos que conducían a tu objetivo. Nunca podrías haber ideado los medios que tu actividad imaginal empleó para realizarse.

Si anhelas escapar de tu actual fijación de sentido, para transformar tu vida presente en un sueño de lo que bien podría ser, no tienes más que imaginar que ya eres lo que quieres ser y sentirte como esperarías sentirte en tales circunstancias. Como la fantasía de un niño que está rehaciendo el mundo según su propio corazón, crea tu mundo a partir de puros sueños de fantasía. Entra mentalmente en tu sueño; haz mentalmente lo que realmente harías, si fuera físicamente cierto. Descubrirás que los sueños no los realizan los ricos, sino los imaginativos. Nada se interpone entre usted y la realización de sus sueños, salvo los hechos, y los hechos son creaciones de la imaginación. Si cambias tu imaginación, cambiarás los hechos.

El hombre y su pasado son una estructura continua. Esta estructura contiene todos los hechos que se han conservado y siguen operando por debajo del umbral de su mente superficial. Para él no es más que historia. Para él parece inalterable, un pasado muerto y firmemente fijado. Pero para sí mismo, está vivo: forma parte de la era viva. No puede dejar atrás los errores del pasado, porque nada desaparece. Todo lo que ha sido sigue existiendo. El pasado sigue existiendo, y da -y sigue dando- sus resultados. El hombre debe retroceder en la memoria, buscar y destruir las causas del mal, por lejanas que sean. A esta vuelta al pasado y a la reproducción imaginaria de una escena del pasado, tal como debería haberse representado la primera vez, la llamo revisión, y la revisión tiene como resultado la derogación.

Cambiar tu vida significa cambiar el pasado. Las causas de cualquier mal presente son las escenas no revisadas del pasado. El pasado y el presente forman toda la estructura del hombre; llevan consigo todo su contenido. Cualquier alteración del contenido provocará una alteración en el presente y en el futuro.

Vive noblemente, para que la mente pueda almacenar un pasado digno de ser recordado. Si no lo haces, recuerda que el primer acto de corrección o cura es siempre "revisar". Si el pasado se recrea en el presente, también el pasado revisado se recreará en el presente, o de lo contrario la afirmación ... aunque vuestros pecados sean como la grana, quedarán blancos como la nieve ... es mentira. Y no es mentira.

El propósito del Comentario relato a relato que sigue es enlazar lo más brevemente posible los temas distintos, pero nunca desconectados, de los catorce capítulos en que he dividido la primera parte de este libro. Espero que sirva como hilo conductor de un pensamiento coherente que una el conjunto para demostrar lo que se afirma. Imaginar crea realidad.

Afirmar esto es fácil. Demostrarlo en la experiencia de otros es mucho más difícil. El objetivo de este libro es animarle a utilizar la "Ley" de forma constructiva en su propia vida.

PREGUNTAS Y RESPUESTAS PARA LA REFLEXIÓN

1. ¿Cómo define Neville Goddard el papel de la imaginación en la configuración de la realidad?

- **Respuesta:** Goddard describe la imaginación como la fuerza fundamental que da forma a todos los aspectos de nuestra realidad. Cree que la imaginación es a la vez divina y humana, un poder único que crea eventos, circunstancias y experiencias. Según Goddard, el poder creativo de la imaginación no se limita a los artistas sino que es esencial para cualquiera que quiera influir en su vida. Enfatiza que al imaginar activamente el resultado deseado, lo hacemos realidad.

-

2. ¿Qué quiere decir Goddard con "actos imaginales" y cómo se relacionan con los acontecimientos que experimentamos?

- **Respuesta:** El término "actos imaginales" de Goddard se refiere a las imágenes mentales o escenarios que imaginamos en nuestra mente. Sostiene que estos actos son las semillas de acontecimientos reales en nuestras vidas, y la intensidad de nuestra imaginación determina la rapidez con la que se manifiestan. Al imaginar repetidamente un estado deseado, creamos una realidad estable. Los acontecimientos de la vida, explica, continúan sólo mientras estén respaldados por estas actividades imaginales consistentes.

3. ¿Por qué dice Goddard que el "abandono de uno mismo" es esencial para lograr los propios deseos y qué implica?

- **Respuesta:** El autoabandono, según Goddard, implica sumergirse mentalmente en el estado del deseo cumplido, dejar de lado las dudas y encarnar plenamente el resultado deseado. Requiere una entrega total a la sensación de haber logrado ya lo que uno desea. Este acto de fe y de amor, explica Goddard, permite vivir desde el estado del deseo cumplido, que es la clave para hacerlo realidad.

4. ¿Cómo permite el concepto de "revisión" a los individuos cambiar el pasado, según Goddard?

- **Respuesta:** Goddard cree que revisitar y reimaginar eventos pasados de manera diferente puede alterar su impacto en el presente. Al visualizar un resultado diferente y positivo para una situación pasada, uno neutraliza efectivamente cualquier consecuencia negativa que pueda haber persistido. Esta "revisión" reinterpreta la memoria, cambiando su influencia en la realidad actual y abriendo caminos hacia un futuro diferente.

5. Goddard afirma que "los hechos son creaciones de la imaginación". ¿Cómo desafía esta idea el pensamiento convencional?

- Respuesta: Esta afirmación sugiere que los "hechos" objetivos que percibimos no son fijos ni independientes de nuestras percepciones, sino que están moldeados por nuestra imaginación. Al desafiar el pensamiento convencional, Goddard anima a los lectores a ver que tienen control sobre sus circunstancias, ya que los "hechos" no son verdades inmutables sino reflejos de sus creencias internas y actos imaginarios. Al cambiar lo que imaginan, las personas pueden alterar los "hechos" de sus vidas.

-

6. ¿Qué pasos prácticos recomienda Goddard para utilizar la imaginación de manera constructiva?

- Respuesta: Goddard aconseja a los lectores dirigir conscientemente su imaginación hacia estados que sean deseables o que prometan un resultado positivo. Esto implica imaginar vívidamente el estado deseado como si ya fuera cierto, utilizando todos los sentidos para hacerlo lo más real posible. Enfatiza la necesidad de perseverancia y coherencia a la hora de aferrarse al ideal hasta que se manifieste. Además, aboga por una "revisión" para corregir errores del pasado, realineando así el presente y el futuro.

-

7. ¿Cómo podría la comprensión y aplicación de la "Ley" cambiar la forma en que uno aborda los desafíos de la vida?

- **Respuesta:** La aplicación de la "Ley" cambia el enfoque de un individuo ante los desafíos al mover su enfoque de las circunstancias externas a la creatividad interna. Al reconocer que la imaginación da forma a la realidad, una persona puede abordar los obstáculos como oportunidades para visualizar mejores resultados, sabiendo que la perseverancia en esta práctica cambiará su realidad. Esta comprensión fomenta la resiliencia y una mentalidad proactiva, lo que permite al individuo crear en lugar de reaccionar ante los acontecimientos de la vida.

-

8. ¿Qué quiere decir Goddard con "sensación espiritual" y cómo se puede cultivarla?

- **Respuesta:** La sensación espiritual se refiere a experimentar imágenes imaginarias con tal claridad e intensidad que se sienten tan reales como las sensaciones físicas. Para cultivar esto, Goddard sugiere sumergirse por completo en el escenario imaginado, involucrando todos los sentidos: ver, oír, oler, saborear y tocar como si el estado deseado estuviera físicamente presente. Esta práctica de participación sensorial fortalece la conexión con el estado imaginado, reforzando la creencia y ayudando a la manifestación.

CAPÍTULO DOS
HABITAR EN EL INTERIOR

"Dios mío, he oído hoy
que nadie construye una morada majestuosa,
sino aquel que quiere habitar en ella.
¿Qué casa más majestuosa
que el hombre, para cuya creación
creación Todas las cosas están en decadencia".
GEORGE HERBERT

Ojalá fuera cierto para los nobles sueños del hombre, pero por desgracia -la construcción perpetua, la ocupación diferida- es el defecto común del hombre. ¿Por qué "construir una morada majestuosa", si no se tiene la intención de "habitarla"? ¿Por qué construir una casa de ensueño y no "morar en ella"?

Este es el secreto de los que yacen en la cama despiertos mientras sueñan cosas verdaderas. Saben vivir en su sueño hasta que, de hecho, hacen precisamente eso. El hombre, a través de un sueño controlado y despierto, puede predeterminar su futuro. Esa actividad imaginal, de vivir en el sentimiento del deseo cumplido, conduce al hombre a través de un puente de incidentes al cumplimiento del sueño. Si vivimos en el sueño -pensando desde él, y no en él- entonces el poder creador de la imaginación responderá a nuestra fantasía aventurera, y el deseo cumplido irrumpirá en nosotros y nos tomará desprevenidos.

El hombre es todo imaginación; por lo tanto, el hombre debe estar donde está en la imaginación, porque su imaginación es él mismo. Es muy importante comprender que la imaginación no es algo ligado a los sentidos o encerrado dentro de los límites espaciales del cuerpo. Aunque el hombre se desplaza en el espacio mediante el movimiento de su cuerpo físico, no tiene por qué estar tan limitado. Puede moverse mediante un cambio en aquello de lo que es consciente. Por muy real que sea la escena sobre la que se posa la vista, el hombre puede contemplar una nunca antes presenciada. Siempre puede remover la montaña si ésta perturba su concepto de lo que la vida debe ser. Esta capacidad de pasar mentalmente de las cosas como son a las cosas como deberían ser, es uno de los descubrimientos más importantes que el hombre puede hacer. Revela al hombre como un centro de imaginación con poderes de intervención que le permiten alterar el curso de los acontecimientos observados, pasando de un éxito a otro mediante una serie de transformaciones mentales de la naturaleza, de los demás y de sí mismo.

Durante muchos años, un médico y su esposa "soñaron" con su "majestuosa morada", pero no la manifestaron hasta que la habitaron imaginariamente. He aquí su historia:

"Hace unos quince años, la Sra. M. y yo compramos un terreno en el que construimos un edificio de dos plantas para nuestro despacho y vivienda. Dejamos un amplio espacio en el terreno para construir un edificio de apartamentos, siempre y cuando nuestras finanzas nos lo permitieran. Todos esos años estuvimos ocupados pagando nuestra hipoteca, y al final de ese tiempo no teníamos dinero para el edificio adicional que tanto deseábamos. Es cierto que teníamos una amplia cuenta de ahorros que significaba seguridad para nuestro negocio, pero utilizar cualquier parte de ella para un nuevo edificio sería poner en peligro esa seguridad.

"Pero ahora su enseñanza despertó un nuevo concepto, diciéndonos audazmente que podíamos tener lo que más deseábamos mediante el uso controlado de nuestra imaginación y que realizar un deseo se hacía más convincente 'sin dinero'. Decidimos poner a prueba el olvidarnos del 'dinero' y concentrar nuestra atención en lo que más deseábamos en este mundo: un nuevo edificio de apartamentos.

"Con este principio en mente, construimos mentalmente el nuevo edificio tal y como queríamos, dibujando planos físicos para poder formular mejor nuestra imagen mental de la estructura terminada. Sin olvidarnos nunca de pensar desde el final (en nuestro caso, el edificio terminado y ocupado), hicimos muchos viajes imaginativos por nuestro edificio de apartamentos, alquilando las unidades a inquilinos imaginarios, examinando en detalle cada habitación y disfrutando del sentimiento de orgullo cuando los amigos nos felicitaban por la planificación única. Trajimos a nuestra escena imaginaria a una amiga en particular (la llamaré Sra. X), una señora a la que no habíamos visto en mucho tiempo porque nos había "abandonado" socialmente, creyéndonos un poco peculiares en nuestra nueva forma de pensar. En nuestra escena imaginaria la llevamos por el edificio y le preguntamos qué le parecía. Al oír su voz, le dijimos: "Doctor, me parece precioso".

"Un día, mientras hablábamos de nuestro edificio, mi mujer mencionó a un contratista que había construido varios edificios de apartamentos en nuestro barrio. Sólo sabíamos de él por el nombre que aparecía en los carteles adyacentes a los edificios en construcción. Pero al darnos cuenta de que, si viviéramos al final, no buscaríamos a un contratista, nos olvidamos enseguida de este punto de vista. Continuando con estos periodos de imaginación diaria durante varias semanas, ambos sentimos que ahora estábamos "fundidos" con nuestro deseo y que habíamos logrado vivir en el fin.

"Un día, un desconocido entró en nuestra oficina y se identificó como el contratista cuyo nombre mi mujer había mencionado semanas antes. En tono de disculpa, dijo: 'No sé por qué he parado aquí. Normalmente no voy a ver a la gente, sino que la gente viene a verme a mí'. Nos explicó que pasaba a menudo por delante de nuestra oficina y se había preguntado por qué no había un edificio de apartamentos en el solar de la esquina. Le aseguramos que nos gustaría mucho tener un edificio así allí, pero que no teníamos dinero para invertir en el proyecto, ni siquiera los pocos cientos de dólares que costarían los planos.

"Nuestra respuesta negativa no le inquietó y, aparentemente obligado, empezó a idear formas y medios para llevar a cabo el trabajo, sin que nosotros se lo pidiéramos ni le animáramos. Olvidando el incidente, nos sobresaltamos bastante cuando unos días más tarde este hombre nos llamó, informándonos de que los planos estaban terminados y que el edificio propuesto nos costaría ¡treinta mil dólares! Le dimos las gracias cortésmente y no hicimos absolutamente nada. Sabíamos que habíamos estado "viviendo imaginariamente en el final" de un edificio terminado y que Imagination montaría ese edificio perfectamente sin ninguna ayuda "exterior" por nuestra parte. Así que no nos sorprendió que el contratista volviera a llamar al día siguiente para decirnos que había encontrado en sus archivos una serie de planos que se ajustaban perfectamente a nuestras necesidades con pocas modificaciones. Esto, nos informó, nos ahorraría los honorarios del arquitecto por los nuevos planos. Volvimos a darle las gracias y seguimos sin hacer nada.

"Los pensadores lógicos insistirían en que una respuesta tan negativa por parte de los posibles clientes acabaría por completo con el asunto. En lugar de eso, dos días después el contratista volvió a llamar con la noticia de que había localizado una financiera dispuesta a cubrir el préstamo necesario con la excepción de unos pocos miles de dólares. Parece increíble, pero seguimos sin hacer nada. Porque-recordemos-para nosotros este edificio estaba terminado y alquilado, y en nuestra imaginación, no habíamos puesto ni un céntimo en su construcción.

El final de esta historia parece una secuela de "Alicia en el país de las maravillas", porque el contratista vino a nuestra oficina al día siguiente y dijo, como si nos hiciera un regalo: "Ustedes van a tener ese nuevo edificio de todos modos. He decidido financiar yo mismo el resto del préstamo. Si os parece bien, haré que mi abogado redacte los papeles y podréis pagarme con los beneficios netos de los alquileres".

"¡Esta vez sí que hicimos algo! Firmamos los papeles y la construcción empezó inmediatamente. La mayoría de los apartamentos se alquilaron antes de la finalización definitiva, y todos menos uno se ocuparon el día de la finalización. Estábamos tan emocionados por los acontecimientos aparentemente milagrosos de los últimos meses que durante un tiempo no entendimos este aparente "fallo" en nuestra imagen imaginaria. Pero sabiendo lo que ya habíamos logrado gracias al poder de la imaginación, inmediatamente concebimos otra escena imaginaria y, en ella, esta vez, en lugar de mostrar a la parte por la unidad y escuchar las palabras "nos lo llevamos", nosotros mismos visitamos imaginariamente a los inquilinos que ya se habían mudado a ese apartamento. Dejamos que nos enseñaran las habitaciones y escuchamos sus comentarios de satisfacción. Tres días después, el piso estaba alquilado.

"Nuestro drama imaginario original se había objetivado en todos los detalles excepto en uno, que se hizo realidad cuando un mes más tarde nuestra amiga, la Sra. X, nos sorprendió con una visita largamente esperada, expresando su deseo de ver nuestro nuevo edificio. La acompañamos con mucho gusto, y al final de la visita la oímos pronunciar la frase que habíamos oído en nuestra imaginación tantas semanas antes, cuando con énfasis en cada palabra dijo: 'Doctor, creo que es precioso'.

"Nuestro sueño de quince años se hizo realidad. Y ahora sabemos que podría haberse realizado en cualquier momento dentro de esos quince años si hubiéramos conocido el secreto de imaginar y cómo 'vivir al final' del deseo. Pero ahora se ha realizado: nuestro único gran deseo se ha objetivado. Y no pusimos ni un céntimo de nuestro propio dinero en ello".

DR. M.

A través de un sueño -un sueño controlado y despierto- el Doctor y su esposa crearon la realidad. Aprendieron a vivir en la casa de sus sueños como, de hecho, viven ahora. Aunque aparentemente la ayuda vino de fuera, el curso de los acontecimientos estuvo determinado en última instancia por la actividad imaginal del Doctor y su esposa. Los participantes se vieron arrastrados a su drama imaginario porque era dramáticamente necesario que así fuera. Su estructura imaginal así lo exigía.

"Todas las cosas por una ley divina
se mezclan unas con otras".

La siguiente historia ilustra el modo en que una dama preparó su "majestuosa morada" durmiendo imaginariamente en ella, o "morando en ella".

"Hace unos meses mi marido decidió poner nuestra casa en venta. El objetivo principal de la mudanza, que habíamos discutido muchas veces, era encontrar una casa lo suficientemente grande para nosotros dos, mi madre y mi tía, además de diez gatos, tres perros y un periquito. Aunque parezca mentira, la mudanza fue idea de mi marido, que quería a mi madre y a mi tía y decía que yo estaba en su casa la mayor parte del tiempo, así que "¿por qué no vivir juntos y pagar una sola factura de impuestos?

Me gustó mucho la idea, pero sabía que esta nueva casa tendría que ser algo muy especial en cuanto a tamaño, ubicación y disposición, ya que yo insistía en la privacidad de todos los implicados.

"Así que en ese momento estaba indecisa sobre si vender nuestra casa actual o no, pero no discutí ya que sabía muy bien por experiencias pasadas con la imaginación que nuestra casa nunca se vendería hasta que yo dejara de 'dormir' en ella. Dos meses y cuatro o cinco agentes inmobiliarios después, mi marido se había "rendido" en la venta de nuestra casa y los agentes también. En ese momento me convencí de que ahora quería el cambio, así que durante cuatro noches, en mi imaginación, me fui a dormir a la casa que me gustaría tener. Al quinto día, mi marido tenía una cita en casa de un amigo y, mientras estaba allí, conoció a un desconocido que "casualmente" buscaba una casa en las colinas. Por supuesto, le llevaron rápidamente a ver nuestra casa, por la que pasó una vez y dijo: 'Me la compro'. Esto no nos hizo muy populares entre los agentes inmobiliarios, pero a mí no me importaba, ya que me alegraba de que la comisión del agente quedara en familia. Nos mudamos a los diez días y nos quedamos con mi madre mientras buscábamos nuestra nueva casa.

"Hicimos una lista de nuestros requisitos con todos los agentes de Sunset Strip solamente (porque yo no me mudaría fuera de la zona) y cada uno de ellos sin excepción nos informó de que estábamos locos. Dijeron que era totalmente imposible encontrar una casa antigua de estilo inglés con dos salones separados, apartamentos independientes, biblioteca y construida en una loma llana con suficiente espacio en el suelo para cercar perros grandes, y situada en una zona concreta. Cuando les dijimos el precio que pagaríamos por esta casa se limitaron a poner cara de tristeza.

"Les dije que eso no era todo lo que queríamos. Queríamos paneles de madera por toda la casa, una chimenea enorme, unas vistas magníficas y aislamiento, sin vecinos cercanos, por favor". En ese momento, la agente soltó una risita y me recordó que no había ninguna casa así, pero que si la hubiera nos costaría cinco veces más de lo que estábamos dispuestos a pagar. Pero yo sabía que existía, porque mi imaginación había estado durmiendo en ella, y si yo soy mi imaginación, entonces yo había estado durmiendo en ella.

"A la segunda semana ya habíamos agotado cinco oficinas inmobiliarias, y el señor de la sexta oficina parecía un poco desquiciado cuando uno de sus socios, que no había hablado hasta entonces, le dijo: "¿Por qué no les enseñas la casa de Kings Road?". Un tercer socio de la oficina se rió agriamente y dijo: 'Esa propiedad ni siquiera está catalogada. Además, la vieja te echaría de la propiedad. Tiene dos acres allí arriba y sabes que no se separaría'.

"Bueno, yo no sabía lo que ella no dividiría, pero mi interés se había despertado por el nombre de la calle, ya que esa zona en particular me gustaba más que ninguna otra. Así que le pregunté por qué no echar un vistazo de todos modos, para reírnos. Cuando subimos por la calle y nos desviamos por un camino privado, nos acercamos a una gran casa de dos plantas construida con madera roja y ladrillo, de aspecto inglés, rodeada de altos árboles y situada sola y distante en su propia loma, con vistas a la ciudad desde todas sus ventanas. Sentí una emoción especial cuando llegamos a la puerta y nos recibió una mujer encantadora que nos invitó a pasar.

"Creo que no respiré en los dos minutos siguientes, porque había entrado en la habitación más exquisita que jamás había visto. Las sólidas paredes de madera roja y el ladrillo de una gran chimenea se elevaban hasta una altura de veintiocho pies y terminaban en un techo arqueado unido por enormes vigas de madera roja. La habitación parecía sacada de Dickens, y casi podía oír cantar villancicos en el balcón del comedor de arriba, que daba al salón. Una gran ventana en forma de catedral permitía ver el cielo, las montañas y la ciudad a lo lejos, y las viejas y hermosas paredes de secuoya resplandecían a la luz del sol. Nos mostraron un espacioso apartamento en la planta baja, con biblioteca conectada, entrada independiente y patio separado. Dos escaleras conducían a un largo vestíbulo que daba a dos dormitorios y baños separados, y al final del vestíbulo había -sí- una segunda sala de estar, que daba a un segundo patio protegido por árboles y vallas de secuoya.

Construida sobre dos acres de terreno bellamente ajardinado, empecé a entender lo que el agente había querido decir al afirmar que "no se dividiría", ya que en un acre había una gran piscina y una casa de piscina completamente separadas de la casa principal, pero que sin duda pertenecían a ella. Efectivamente, parecía una situación imposible, ya que no queríamos dos acres de propiedad muy sujeta a impuestos más una piscina a una manzana de la casa.

"Antes de marcharnos, recorrí aquel magnífico salón, subiendo una vez más las escaleras hasta el balcón del comedor. Me volví, y al mirar hacia abajo vi a mi marido de pie junto a la chimenea, pipa en mano, con una expresión de perfecta satisfacción en el rostro. Apoyé las manos en la barandilla del balcón y le observé un momento.

"Cuando volvimos a la oficina inmobiliaria, los tres agentes estaban listos para cerrar por hoy, pero mi marido los detuvo diciendo: 'Hagámosle una oferta de todos modos. A lo mejor se reparte la propiedad. ¿Qué podemos perder? Uno de los agentes salió de la oficina sin decir palabra. Otro dijo: 'La idea es ridícula'. El agente con el que habíamos hablado al principio dijo: "Olvídalo. Es una quimera". Mi marido no se enfada fácilmente, pero cuando se enfada, no hay criatura más testaruda en la tierra. Ahora estaba enfadado. Se sentó, golpeó el escritorio con la mano y rugió: 'Lo suyo es presentar ofertas, ¿no?'. Estuvieron de acuerdo en que así era y finalmente prometieron presentar nuestra oferta por la propiedad.

"Nos marchamos y esa noche, en mi imaginación, me asomé al balcón del comedor y miré a mi marido junto a la chimenea. Me miró y me dijo: 'Bueno, cariño, ¿qué te parece nuestra nueva casa? Le contesté: "Me encanta". Seguí viendo aquella hermosa habitación y a mi marido en ella y 'sentí' la barandilla del balcón agarrada entre mis manos hasta que me quedé dormida.

"Al día siguiente, mientras cenábamos en casa de mi madre, sonó el teléfono y el agente, con voz incrédula, me informó de que acabábamos de comprar una casa. El propietario había dividido la propiedad por la mitad, dándonos la casa y el acre que ocupaba por el precio que habíamos ofrecido."

J.R.B.

"... los soñadores a menudo yacen en la cama despiertos, mientras sueñan cosas verdaderas".

Hay que adoptar el camino de la imaginación o el del sentido común. No hay compromiso ni neutralidad posibles. "El que no está por mí, está contra mí". Cuando el hombre se identifica finalmente con su Imaginación en lugar de con sus sentidos, ha descubierto por fin el núcleo de la realidad.

A menudo los autodenominados "realistas" me han advertido de que el hombre nunca realizará su sueño simplemente imaginando que ya está aquí. Sin embargo, el hombre puede realizar su sueño simplemente imaginando que ya está aquí. Eso es exactamente lo que demuestra esta colección de relatos: si los hombres estuvieran dispuestos a vivir imaginariamente en el sentimiento del deseo cumplido, avanzando con confianza en su controlado sueño despierto, entonces el poder de la imaginación respondería a su fantasía aventurera y el deseo cumplido irrumpiría en ellos y los tomaría desprevenidos.

Nada es más continuamente maravilloso que las cosas que suceden cada día al hombre con la imaginación suficientemente despierta para darse cuenta de su maravilla. Observa tus actividades imaginarias. Imagina mejor que lo mejor que conoces, y crea un mundo mejor para ti y para los demás. Vive como si el deseo hubiera llegado, aunque aún esté por llegar, y acortarás el período de espera. El mundo es imaginario, no mecánico. Los actos imaginarios, y no el destino ciego, determinan el curso de la historia.

PREGUNTAS Y RESPUESTAS PARA LA REFLEXIÓN

1. ¿Por qué Goddard enfatiza la importancia de "habitar" dentro de la imaginación de su deseo cumplido?

- **Respuesta:** Goddard enfatiza "habitar" en el estado del deseo cumplido porque cree que así es como los individuos hacen realidad los sueños. Según él, no basta con soñar con un deseo. Más bien, hay que sumergirse en la sensación de haberlo conseguido ya. Este cambio de pensar "en" un sueño a pensar "desde" él es clave. Al imaginar persistentemente desde la perspectiva del deseo cumplido, Goddard afirma que la imaginación orquesta eventos y circunstancias que hacen realidad ese deseo.

-

2. ¿Cómo describe Goddard la conexión entre imaginación y realidad?

- **Respuesta:** Goddard considera la imaginación como el verdadero fundamento de la realidad. Sugiere que la imaginación no está confinada a los sentidos físicos o al cuerpo, sino que es el núcleo de nuestro ser y la fuente de todas las experiencias. Esta creencia contrasta con una visión puramente sensorial o mecanicista del mundo. Al "habitar" en el estado deseado a través de la imaginación, uno puede dar forma a los acontecimientos externos y atraer las circunstancias necesarias hacia ellos. Este poder de los "sueños despiertos controlados" revela que la realidad está moldeada por el enfoque y la dirección persistentes de las experiencias internas.

-

3. ¿Qué papel juega la imaginación en los ejemplos dados por el Dr. M y la mujer que compró su casa ideal?

- **Respuesta:** En ambos ejemplos, la imaginación actúa como artífice de sus realidades. El Dr. M y su esposa utilizaron la visualización y la sensación de vivir en el edificio de apartamentos que deseaban, lo que llevó a una serie inesperada de eventos que manifestaron el edificio sin ningún aporte financiero personal. De igual manera, la mujer visualizó vivir en una casa con características muy específicas, lo cual se materializó a pesar de que en repetidas ocasiones le dijeron que sus requerimientos eran imposibles. Estas historias resaltan la afirmación de Goddard de que una "habitación" imaginativa sostenida produce resultados concretos, ya que partes externas, sin saberlo, se convierten en agentes para cumplir sus sueños.

-

4. ¿Por qué sostiene Goddard que el mundo es "imaginal, no mecanicista"?

- **Respuesta:** Goddard sostiene que el mundo es imaginal, lo que significa que es creado y gobernado por la imaginación en lugar de leyes mecánicas fijas. Él cree que los actos imaginarios (no el destino ciego) determinan los acontecimientos de la vida. Ve la imaginación como una fuerza poderosa y creativa capaz de influir en el curso de las experiencias personales y colectivas. Según este punto de vista, alguien que está "despierto" al potencial de su imaginación puede moldear activamente la realidad en lugar de aceptarla pasivamente.

-

5. ¿Cómo se puede aplicar la práctica de "pensar desde" un deseo cumplido en la vida diaria?

- **Respuesta:** Para aplicar "pensar desde" un deseo cumplido, uno debe adoptar el sentimiento y la perspectiva de poseer o experimentar ya el resultado deseado. En lugar de desear algo en el futuro, Goddard anima a practicar la gratitud, la confianza y la alegría como si el sueño ya se hubiera hecho realidad. Esto implica imaginar escenarios y reacciones diarios alineados con el estado de plenitud y volver a comprometerse constantemente con este estado mental hasta que se convierta en una parte natural de la forma de pensar.

-

6. ¿Qué consejos prácticos ofrece Goddard para superar las dudas al practicar esta técnica?

- **Respuesta:** Goddard sugiere persistentemente "vivir en el final" y no dejarse llevar por dudas lógicas o apariencias externas que contradigan el estado deseado. Ante el escepticismo recomienda centrarse en la alegría y la satisfacción del deseo cumplido y mantener una actitud disciplinada y de confianza. En su visión, la coherencia y la inmersión en el estado imaginativo eventualmente alinean la realidad externa con la visión interna, disminuyendo así las dudas a través de la experiencia directa de la efectividad de la técnica.

CAPÍTULO TRES
GIRA LA RUEDA HACIA ATRÁS

"Oh, deja que tu fuerte imaginación gire la gran rueda hacia atrás, hasta que Troya se queme".

"Toda la vida es, a través de los siglos nada sino la solución continua de un continuo problema sintético."
H. G. WELLS

El estado perfectamente estable o estático es siempre inalcanzable. El fin alcanzado objetivamente siempre realiza más que el fin que el individuo tenía originalmente en vista. Esto, a su vez, crea una nueva situación de conflicto interior, necesitada de soluciones novedosas que obliguen al hombre a seguir el camino de la evolución creadora. "Su toque es infinito y presta un yonder a todos los fines". Los acontecimientos de hoy están destinados a perturbar el orden establecido de ayer. La imaginación creativamente activa invariablemente perturba una paz mental preexistente.

Puede surgir la pregunta de cómo, representándonos a los demás como mejores de lo que realmente fueron, o reescribiendo mentalmente una carta para hacerla conforme a nuestro deseo, o revisando la escena de un accidente, la entrevista con el empleador, etc., podríamos cambiar lo que parecen ser los hechos inalterables del pasado, pero recuerden mis afirmaciones a favor de imaginar: Imaginar crea realidad. Lo que crea, puede deshacerlo. No sólo es conservadora, construyendo una vida a partir de imágenes suministradas por la memoria, también es creativamente transformadora, alterando un tema ya existente.

La parábola del administrador injusto da la respuesta a esta pregunta. Podemos alterar nuestro mundo mediante una cierta práctica imaginal "ilegal", mediante una falsificación mental de los hechos, es decir, mediante una cierta alteración imaginal intencional de lo vivido. Todo esto se hace en la propia imaginación. Esta es una forma de falsedad que no sólo no se condena, sino que de hecho se aprueba en la enseñanza evangélica. Por medio de tal falsedad, un hombre destruye las causas del mal y adquiere amigos, y con la fuerza de esta revisión demuestra, a juzgar por los grandes elogios que el mayordomo injusto recibió de su amo, que es merecedor de confianza.

Como la imaginación crea la realidad, podemos llevar la revisión al extremo y revisar una escena que, de otro modo, sería imperdonable. Aprendemos a distinguir entre el hombre -que es todo imaginación- y los estados en los que puede entrar. Un mayordomo injusto, al contemplar la angustia de otro, se representará a sí mismo al otro como debería ser visto. Si él mismo estuviera necesitado, entraría en su sueño, en su imaginación, e imaginaría lo que vería y cómo parecerían las cosas y cómo actuarían las personas: "como deberían ser estas cosas". Entonces, en este estado, se quedaría dormido, sintiendo lo que esperaría sentir en tales circunstancias.

Ojalá todo el pueblo del Señor fuera mayordomo injusto, falsificando mentalmente los hechos de la vida para librar a los individuos para siempre. Porque el cambio imaginal avanza, hasta que finalmente el patrón alterado se realiza en las alturas del logro. Nuestro futuro es nuestra actividad imaginal en su marcha creativa. Imagina mejor que lo mejor que conoces.

Revisar el pasado es reconstruirlo con nuevos contenidos. El hombre debe revivir diariamente el día como desearía haberlo vivido, revisando las escenas para que se ajusten a sus ideales. Por ejemplo, supongamos que el correo de hoy trae noticias decepcionantes. Revise la carta. Reescríbala mentalmente y haga que se ajuste a las noticias que desearía haber recibido. Luego, en la imaginación, lea la carta revisada una y otra vez y esto despertará el sentimiento de naturalidad; y los actos imaginarios se convierten en hechos tan pronto como nos sentimos naturales en el acto. Esta es la esencia de la revisión y la revisión da lugar a la derogación. Esto es exactamente lo que hizo F.B:

"A finales de julio escribí a un agente inmobiliario para comunicarle mi deseo de vender un terreno que me había supuesto una carga financiera. Su respuesta negativa enumeraba todas las razones por las que las ventas estaban paralizadas en esa zona, y pronosticaba un sombrío periodo de espera hasta después de primeros de año.

"Recibí su carta un martes y, en mi imaginación, la reescribí con palabras que indicaban que el agente estaba ansioso por aceptar mi oferta. Leí esta carta revisada una y otra vez, y amplié mi drama imaginal utilizando su tema de los Cuatro Poderosos de nuestra Imaginación -de su libro 'Tiempo de Semilla y Cosecha'- el Productor, el Autor, el Director y el Actor. "En mi escena imaginaria como Productor, sugerí el tema: 'El lote se vende para obtener un beneficio'. Como autor, escribí esta sencilla escena que, para mí, implicaba una realización: De pie en la oficina inmobiliaria, le tendí la mano al agente y le dije: "Gracias, señor", y él respondió: "Ha sido un placer hacer negocios con usted". Como Director, ensayé como Actor hasta que esa escena fue vívidamente real y sentí el alivio que sería mío si la carga se disipara de verdad.

"Tres días después, el agente al que había escrito originalmente me telefoneó diciendo que tenía un depósito por mi lote al precio que yo había especificado. Al día siguiente firmé los papeles en su despacho, le tendí la mano y le dije: 'Gracias, señor'. El agente me contestó: "Ha sido un placer trabajar con usted".

"Cinco días después de haber construido y representado una escena imaginaria, se convirtió en una realidad física y se reprodujo palabra por palabra tal y como la había oído en mi imaginación. La sensación de alivio y alegría vino -no tanto por la venta de la propiedad- sino por la prueba incontrovertible de que mi drama imaginario funcionaba."

F.B.

Si la cosa lograda fuera todo, ¡qué inútil! Pero F.B. descubrió un poder dentro de sí mismo que puede crear circunstancias conscientemente.

Falsificando mentalmente los hechos de la vida, el hombre pasa de la reacción pasiva a la creación activa; esto rompe la rueda de la recurrencia y construye un futuro que se agranda acumulativamente. Si el hombre no siempre crea en el pleno sentido de la palabra, es porque no es fiel a su visión, o bien piensa en lo que quiere en lugar de a partir de su deseo cumplido.

El hombre es una síntesis tan extraordinaria, en parte atado por sus sentidos y en parte libre para soñar, que sus conflictos internos son perennes. El estado de conflicto del individuo se expresa en la sociedad.

La vida es una aventura romántica. Vivir de forma creativa, imaginando soluciones novedosas a problemas cada vez más complejos, es mucho más noble que refrenar o aniquilar el deseo. Todo lo que se desea puede imaginarse.

"¿Quieres estar en un Sueño, y sin embargo no dormir?" Intenta repasar tu día cada noche antes de dormirte. Intenta visualizar claramente y entrar en la escena revisada que sería la solución imaginal de tu problema. La estructura imaginal revisada puede tener una gran influencia en los demás, pero eso no te concierne. El "otro" influenciado en la siguiente historia está profundamente agradecido por esa influencia. L. S. E. escribe:

"El pasado agosto, durante una 'cita a ciegas' conocí al hombre con el que quería casarme. Esto ocurre a veces, y me ocurrió a mí. Era todo lo que yo había considerado deseable en un marido. Dos días después de esta velada encantadora, tuve que cambiar de residencia por motivos de trabajo, y esa misma semana el amigo común que me había presentado a este hombre se mudó de ciudad. Me di cuenta de que el hombre que había conocido probablemente no conocía mi nueva dirección y, francamente, no estaba segura de que supiera mi nombre.

"Después de su última conferencia, le hablé de esta situación. Aunque tenía muchas otras 'citas', no podía olvidar a este hombre. Su conferencia se basaba en revisar nuestro día; y después de hablar con usted, decidí revisar mi día, todos los días. Aquella noche, antes de irme a dormir, sentí que estaba en otra cama, en mi propia casa, como una mujer casada, y no como una trabajadora soltera que compartía piso con otras tres chicas. Me enrosqué un anillo de boda imaginario en mi mano izquierda imaginaria, diciéndome una y otra vez: "¡Esto es maravilloso! Y me quedé dormida en lo que un momento antes había sido un sueño despierta.

"Repetí esta escena imaginaria durante un mes, noche tras noche. La primera semana de octubre me "encontró". En nuestra segunda cita, supe que mis sueños estaban bien situados. Su enseñanza nos dice que vivamos en el final de nuestro deseo hasta que ese deseo se convierta en 'hecho', así que aunque no sabía lo que él sentía hacia mí, continué, noche tras noche, viviendo en el sentimiento de mi sueño realizado.

"¿Los resultados? En noviembre me propuso matrimonio. En enero anunciamos nuestro compromiso y en mayo nos casamos. Lo más hermoso de todo, sin embargo, es que soy más feliz de lo que jamás soñé; y sé en mi corazón que él también lo es."

SRA. J.E.

Al utilizar su imaginación de forma radical, en lugar de conservadora, al construir su mundo a partir de puros sueños de fantasía, en lugar de utilizar imágenes suministradas por la memoria, hizo realidad su sueño. El sentido común habría utilizado imágenes suministradas por su memoria, perpetuando así el hecho de la carencia en su vida. La imaginación creó lo que deseaba a partir de un sueño de fantasía. Todo el mundo debe vivir enteramente en el nivel de la imaginación, y debe emprenderlo consciente y deliberadamente.

"... Los amantes y los locos tienen cerebros tan hirvientes, fantasías tan moldeadoras, que aprehenden más de lo que la fría
la fría razón".

Si nuestro tiempo de revisión está bien empleado, no debemos preocuparnos por los resultados: nuestras más anheladas esperanzas se harán realidad.

"¿Eres real, Tierra? ¿Lo soy?
¿En qué sueño existimos? ..."

No hay permanencia inevitable en nada. Tanto el pasado como el presente siguen existiendo sólo porque están sostenidos por la "Imaginación" en uno u otro nivel; y siempre es posible una transformación radical de la vida mediante la revisión por el hombre de la parte indeseable de la misma.

En su carta, el Sr. R.S. cuestiona este tema de la influencia:

"Durante su actual serie de conferencias, surgieron problemas con los cobros de una de mis escrituras fiduciarias. La garantía, una casa y un terreno, estaba descuidada y deteriorada. Al parecer, los propietarios gastaban su dinero en bares, mientras que sus dos hijas pequeñas, de nueve y once años, estaban notablemente desatendidas. Sin embargo, olvidando las apariencias, empecé a revisar la situación. En mi imaginación, conduje a mi mujer por delante de la casa y le dije: "¿No es precioso el jardín? Está tan limpio y cuidado. Esa gente realmente demuestra su amor por su casa. Esta es una escritura de fideicomiso de la que nunca tendremos que preocuparnos". Yo 'veía' la casa y el terreno como quería verlo: un lugar tan encantador que me producía un cálido resplandor de placer. Cada vez que pensaba en esta propiedad, repetía la escena imaginaria.

"Después de haber practicado esta revisión durante algún tiempo, la mujer que vivía en la casa tuvo un accidente de automóvil; mientras estaba en el hospital, su marido desapareció. Los niños estaban al cuidado de los vecinos; y yo tuve la tentación de visitar a la madre en el hospital para asegurarle asistencia, si era necesario. Pero ¿cómo iba a hacerlo, cuando mi escena imaginaria implicaba que ella y su familia eran felices, tenían éxito y estaban obviamente contentos? Así que no hice más que mi repaso diario. Poco después de abandonar el hospital, la mujer y sus dos hijas también desaparecieron. Se enviaron los pagos de la propiedad y unos meses después reapareció con un certificado de matrimonio y un nuevo marido. En el momento de escribir estas líneas, todos los pagos están al día. Obviamente, las dos niñas son felices y están bien cuidadas, y los propietarios han añadido una habitación a la propiedad, lo que da una seguridad adicional a nuestra escritura fiduciaria.

"Fue muy agradable resolver mi problema sin amenazas, palabras desagradables, desahucio o preocupación por las niñas; pero ¿había algo en mi imaginación que envió a esa mujer al hospital?".

R.S.

Cualquier actividad imaginal que adquiera intensidad a través de nuestra atención concentrada en la claridad del fin deseado tiende a desbordarse hacia regiones más allá de donde nos encontramos; pero debemos dejar que sea ella misma la que se ocupe de dicha actividad imaginal. Es maravillosamente ingeniosa a la hora de adaptar y ajustar los medios para realizarse a sí misma. Una vez que pensamos en términos de influencia y no de claridad del fin deseado, el esfuerzo de la imaginación se convierte en un esfuerzo de la voluntad y el gran arte de imaginar se pervierte en tiranía.

El pasado enterrado suele yacer más profundo de lo que nuestra mente superficial puede sondear. Pero, afortunadamente para esta señora, recordó y demostró que el pasado "hecho" también puede "deshacerse" mediante la revisión.

"Durante treinta y nueve años había sufrido de una espalda débil. El dolor aumentaba y disminuía, pero nunca se iba del todo. La dolencia había progresado hasta el punto de que recurría a tratamientos médicos casi constantemente; el médico me ponía la cadera bien de momento, pero el dolor simplemente no desaparecía. Una noche le oí hablar de revisión y me pregunté si una enfermedad de casi cuarenta años podía revisarse. Recordaba que a los tres o cuatro años me había caído de espaldas de un columpio muy alto y que en aquel momento había estado bastante enfermo a causa de una grave lesión de cadera. Desde entonces nunca me había librado por completo del dolor y había pagado muchos dólares para aliviar la dolencia, en vano.

"... Los amantes y los locos tienen cerebros tan hirvientes, fantasías tan moldeadoras, que aprehenden más de lo que la fría
la fría razón".

Si nuestro tiempo de revisión está bien empleado, no debemos preocuparnos por los resultados: nuestras más anheladas esperanzas se harán realidad.

"¿Eres real, Tierra? ¿Lo soy?
¿En qué sueño existimos? ..."

No hay permanencia inevitable en nada. Tanto el pasado como el presente siguen existiendo sólo porque están sostenidos por la "Imaginación" en uno u otro nivel; y siempre es posible una transformación radical de la vida mediante la revisión por el hombre de la parte indeseable de la misma.

En su carta, el Sr. R.S. cuestiona este tema de la influencia:

"Durante su actual serie de conferencias, surgieron problemas con los cobros de una de mis escrituras fiduciarias. La garantía, una casa y un terreno, estaba descuidada y deteriorada. Al parecer, los propietarios gastaban su dinero en bares, mientras que sus dos hijas pequeñas, de nueve y once años, estaban notablemente desatendidas. Sin embargo, olvidando las apariencias, empecé a revisar la situación. En mi imaginación, conduje a mi mujer por delante de la casa y le dije: "¿No es precioso el jardín? Está tan limpio y cuidado. Esa gente realmente demuestra su amor por su casa. Esta es una escritura de fideicomiso de la que nunca tendremos que preocuparnos". Yo 'veía' la casa y el terreno como quería verlo: un lugar tan encantador que me producía un cálido resplandor de placer. Cada vez que pensaba en esta propiedad, repetía la escena imaginaria.

"Después de haber practicado esta revisión durante algún tiempo, la mujer que vivía en la casa tuvo un accidente de automóvil; mientras estaba en el hospital, su marido desapareció. Los niños estaban al cuidado de los vecinos; y yo tuve la tentación de visitar a la madre en el hospital para asegurarle asistencia, si era necesario. Pero ¿cómo iba a hacerlo, cuando mi escena imaginaria implicaba que ella y su familia eran felices, tenían éxito y estaban obviamente contentos? Así que no hice más que mi repaso diario. Poco después de abandonar el hospital, la mujer y sus dos hijas también desaparecieron. Se enviaron los pagos de la propiedad y unos meses después reapareció con un certificado de matrimonio y un nuevo marido. En el momento de escribir estas líneas, todos los pagos están al día. Obviamente, las dos niñas son felices y están bien cuidadas, y los propietarios han añadido una habitación a la propiedad, lo que da una seguridad adicional a nuestra escritura fiduciaria.

"Fue muy agradable resolver mi problema sin amenazas, palabras desagradables, desahucio o preocupación por las niñas; pero ¿había algo en mi imaginación que envió a esa mujer al hospital?".

R.S.

Cualquier actividad imaginal que adquiera intensidad a través de nuestra atención concentrada en la claridad del fin deseado tiende a desbordarse hacia regiones más allá de donde nos encontramos; pero debemos dejar que sea ella misma la que se ocupe de dicha actividad imaginal. Es maravillosamente ingeniosa a la hora de adaptar y ajustar los medios para realizarse a sí misma. Una vez que pensamos en términos de influencia y no de claridad del fin deseado, el esfuerzo de la imaginación se convierte en un esfuerzo de la voluntad y el gran arte de imaginar se pervierte en tiranía.

El pasado enterrado suele yacer más profundo de lo que nuestra mente superficial puede sondear. Pero, afortunadamente para esta señora, recordó y demostró que el pasado "hecho" también puede "deshacerse" mediante la revisión.

"Durante treinta y nueve años había sufrido de una espalda débil. El dolor aumentaba y disminuía, pero nunca se iba del todo. La dolencia había progresado hasta el punto de que recurría a tratamientos médicos casi constantemente; el médico me ponía la cadera bien de momento, pero el dolor simplemente no desaparecía. Una noche le oí hablar de revisión y me pregunté si una enfermedad de casi cuarenta años podía revisarse. Recordaba que a los tres o cuatro años me había caído de espaldas de un columpio muy alto y que en aquel momento había estado bastante enfermo a causa de una grave lesión de cadera. Desde entonces nunca me había librado por completo del dolor y había pagado muchos dólares para aliviar la dolencia, en vano.

PREGUNTAS Y RESPUESTAS PARA LA REFLEXIÓN

1. ¿Cómo desafía el concepto de "revisión imaginal" de Neville Goddard las visiones convencionales de la realidad y el pasado?

- **Respuesta:** Goddard sugiere que nuestra imaginación tiene el poder de remodelar no sólo nuestras percepciones del pasado sino también nuestras circunstancias presentes y futuras. Al "falsificar mentalmente" o reimaginar eventos como desearíamos que hubieran sucedido, podemos alterar el impacto de esos eventos en nuestras vidas. Se trata de un alejamiento radical de la idea de que el pasado es fijo e inmutable. En cambio, anima a los lectores a ver el pasado como fluido, sujeto a cambios mediante el acto de la imaginación.

-

2. ¿Por qué Goddard se refiere a la revisión del pasado como un acto "ilegal" en el contexto de la imaginación?

- **Respuesta:** Goddard llama a esto un acto "ilegal" porque desafía la lógica convencional y la creencia aceptada de que los eventos pasados están fuera de nuestro control. En contextos religiosos y culturales, "mentir" o "falsificar" hechos suele estar mal visto, pero Goddard lo redefine como un acto de poder creativo en lugar de engaño. Al utilizar esta práctica "ilegal" de manera imaginativa, se anima a las personas a reconstruir situaciones no ideales para alinearlas con sus deseos y, en última instancia, remodelar su realidad.

-

3. ¿Qué papel juega la parábola del mayordomo injusto en este capítulo y cómo se relaciona con la práctica de la revisión imaginal?

- **Respuesta:** La parábola del mayordomo injusto ejemplifica el concepto de "falsificación mental" de Goddard, donde reinterpretar los acontecimientos imaginativamente se considera no sólo permisible sino también digno de elogio. El mayordomo, al ajustar las deudas "ilegalmente", gana favor y confianza. Goddard usa esta parábola para ilustrar que los actos imaginativos, aunque parezcan poco realistas o "falsos", pueden tener resultados constructivos y deseables cuando se usan para alinearse con nuestros deseos e ideales.

-

4. ¿Cómo puede la práctica de la revisión diaria ayudar a las personas a trascender creencias limitantes o patrones indeseables en sus vidas?

- **Respuesta:** Practicar la revisión diaria, como lo describe Goddard, permite a las personas reproducir y remodelar los eventos de acuerdo con sus resultados ideales. Al revivir mentalmente un día como desearían que se hubiera desarrollado, las personas pueden liberarse de ciclos negativos o creencias limitantes que refuerzan circunstancias indeseables. Con el tiempo, esta práctica genera fe en el poder de uno para dar forma a la realidad, lo que permite un cambio gradual hacia una vida más plena.

-

5. ¿De qué manera la historia de FB ilustra la efectividad de la revisión imaginal?

- Respuesta: La historia de FB demuestra cómo la revisión mental puede provocar cambios en el mundo real. A pesar de recibir una carta negativa de un agente de bienes raíces, FB reinventó la respuesta del agente para alinearla con el resultado deseado: la venta de su propiedad. Al abordar este escenario revisado a través de una imaginación vívida, FB influyó con éxito en la situación, lo que resultó en la venta de su terreno exactamente como lo había imaginado. Esta historia sirve como testimonio del potencial de la imaginación para crear resultados tangibles.

-

6. ¿Qué quiere decir Goddard cuando dice: "El hombre y su pasado son una estructura continua"? ¿Cómo apoya esta idea el concepto de revisión?

- Respuesta: Goddard sugiere que las experiencias pasadas influyen continuamente en el presente y el futuro, moldeando cómo percibimos e interactuamos con nuestro mundo. Al revisar eventos pasados de manera imaginativa, modificamos esta "estructura continua", que puede cambiar nuestra mentalidad presente y nuestras experiencias futuras. Esta idea apoya la revisión porque implica que al cambiar nuestra percepción del pasado, podemos transformar la estructura subyacente que determina nuestra realidad actual y futura.

-

7. ¿Cómo podría ser útil el enfoque de revisión de Goddard para alguien que enfrenta un dolor físico o emocional prolongado, como lo ilustra la historia de LH?

- **Respuesta:** Para personas como LH, que sufrieron un dolor a raíz de un accidente infantil, la revisión imaginal ofrece una manera de reescribir la historia del origen de su dolor. Al revisar vívidamente y "corregir" mentalmente el evento, pueden disminuir o incluso eliminar el impacto emocional y físico de la experiencia. Este enfoque subraya la creencia de Goddard en el poder de la imaginación para remodelar las realidades físicas y mentales.

-

8. ¿Qué quiere decir Goddard con "vivir enteramente en el nivel de la imaginación" y cómo fomenta este concepto la libertad creativa?

- **Respuesta:** Vivir en el nivel de la imaginación significa priorizar la visión idealizada de la vida sobre las limitaciones de las experiencias pasadas o las circunstancias presentes. Al hacerlo, los individuos se convierten en creadores activos de su realidad en lugar de reactores pasivos. Este enfoque fomenta la libertad creativa al permitir que las personas visualicen y sientan las emociones asociadas con sus deseos cumplidos, preparando el escenario para que estos resultados se manifiesten en sus vidas.

-

9. ¿Cómo aborda Goddard la cuestión ética de influir en otros mediante actos imaginales, como se plantea en la historia de RS?

- Respuesta: Goddard aconseja centrarse en la claridad del resultado deseado en lugar de intentar controlar o manipular a los demás. En la historia de RS, el escenario imaginado condujo a cambios positivos para la familia sin interferencia directa. Goddard advierte que una vez que la influencia imaginal se ejerce conscientemente como herramienta de control, se convierte en "tiranía" en lugar de transformación creativa. Sugiere que el uso ético de la imaginación radica en visualizar resultados ideales y al mismo tiempo permitir que los acontecimientos se desarrollen de forma natural.

-

10. ¿Qué impacto puede tener la práctica constante de revisión imaginal en la creencia de un individuo en su poder creativo?

- Respuesta: La práctica constante genera confianza en la capacidad de uno para dar forma a la realidad, ya que cada experiencia revisada con éxito refuerza la fe en el poder creativo de la imaginación. Con el tiempo, este proceso cultiva un sentido de agencia, transformando a los individuos en creadores deliberados que participan activamente en moldear sus vidas de acuerdo con sus ideales.

CAPÍTULO CUATRO
NO ES FICCIÓN

"La distinción entre lo real y lo imaginario no es una distinción que pueda ser finalmente sostenida ... todas las cosas existentes son, en un sentido inteligible, imaginarias". ...
JOHN S. MACKENZIE

No hay ficción. Si una actividad imaginaria puede producir un efecto físico, nuestro mundo físico debe ser esencialmente imaginario. Para demostrarlo, basta con que observemos nuestras actividades imaginarias y veamos si producen o no los correspondientes efectos externos. Si es así, debemos concluir que no hay ficción. El drama imaginario de hoy -la ficción- se convierte en el hecho de mañana.

Si tuviéramos esta visión más amplia de la causalidad -que la causalidad es mental, no física-, que nuestros estados mentales son causantes de efectos físicos, entonces nos daríamos cuenta de nuestra responsabilidad como creadores e imaginaríamos sólo lo mejor imaginable.

La fábula representada como una especie de obra de teatro en la mente es lo que causa los hechos físicos de la vida. El hombre cree que la realidad reside en los objetos sólidos que ve a su alrededor, que es en este mundo donde se origina el drama de la vida, que los acontecimientos surgen de repente, creados momento a momento a partir de hechos físicos precedentes. Pero la causalidad no reside en el mundo exterior de los hechos. El drama de la vida se origina en la imaginación del hombre. El verdadero acto del devenir tiene lugar dentro de la imaginación del hombre y no fuera de ella.

Las siguientes historias podrían definir la "causalidad" como el ensamblaje de estados mentales que, al producirse, crea aquello que el ensamblaje implica. El prólogo de "Una noche para recordar" de Walter Lord ilustra mi afirmación: "Imaginar crea la realidad".

"En 1898 un autor en apuros, llamado Morgan Robertson, urdió una novela sobre un fabuloso transatlántico, mucho más grande que cualquiera que se hubiera construido jamás. Robertson cargó su barco de gente rica y complaciente y luego lo hizo naufragar una fría noche de abril contra un iceberg. De algún modo, esto demostraba la futilidad de todo y, de hecho, el libro se tituló 'FUTILITY' cuando apareció ese año, publicado por la firma M. F. Mansfield.

"Catorce años más tarde, una compañía naviera británica, llamada White Star Line, construyó un barco de vapor muy parecido al de la novela de Robertson. El nuevo transatlántico tenía 66.000 toneladas de desplazamiento; el de Robertson, 70.000.

"El barco real tenía 882,5 pies de eslora; el ficticio, 800 pies. Ambos podían transportar a unas 3.000 personas, y ambos tenían suficientes botes salvavidas para sólo una fracción de este número. Sin embargo, esto no parecía importar porque ambos fueron calificados de "insumergibles".

"El 19 de abril de 1912, el barco real zarpó de Southampton en su viaje inaugural a Nueva York. Su carga incluía un ejemplar de valor incalculable del Rubaiyat de Omar Khayyam y una lista de pasajeros valorada en 250 millones de dólares. También chocó contra un iceberg y se hundió en una fría noche de abril.

"Robertson llamó a su barco Titán; la White Star Line llamó a su barco Titanic".

Si Morgan Robertson hubiera sabido que imaginar crea realidad, que la ficción de hoy es la realidad de mañana, ¿habría escrito la novela Futility? "En el momento de la catástrofe trágica", escribe Schopenhauer, "se nos hace más clara que nunca la convicción de que la vida es un mal sueño del que tenemos que despertar". Y el mal sueño está causado por la actividad imaginal de la humanidad dormida.

Las actividades imaginarias pueden estar alejadas de su manifestación y no ser observadas: los acontecimientos son sólo apariencia. La causalidad, como se ve en esta tragedia, está en otra parte del espacio-tiempo. Lejos de la escena de la acción, invisible para todos, estaba la actividad imaginal de Robertson, como un científico en una sala de control dirigiendo su misil teledirigido a través del Espacio-Tiempo.

"Que pinta un cuadro, escribe una obra o un libro

Que otros leen mientras él duerme en la cama

Al otro lado del mundo, cuando miran

Su página el durmiente bien podría estar muerto;

¿Qué sabe él de su lejana vida no sentida?

¿Qué sabe él de los pensamientos que sus pensamientos

La vida que su vida está dando, o la lucha

que le conciernen, algunos refunfuñando, otros alabando.

Sin embargo, ¿cuál está más vivo, el que está dormido

O su espíritu rápido en algún otro lugar, O veintena

de otros lugares, que mantiene

¿La atención fija y el sueño de otros persiguen?

¿Cuál es el "él" - el "él" que duerme, o "él"

¿Que su propio "él" no puede sentir ni ver?"

SAMUEL BUTLER

Los escritores imaginativos no comunican su visión del mundo, sino las actitudes que resultan de esa visión. Poco antes de morir, Katherine Mansfield le dijo a su amigo Orage:

"Hay en la vida tantos aspectos como actitudes hacia ella.
hacia ella; y los aspectos cambian con las actitudes.
nuestra actitud, no sólo veríamos la vida de otra manera,
sino que la vida misma sería diferente. La vida
sufriría un cambio de aspecto porque nosotros mismos
La percepción de un nuevo patrón es lo que yo llamo una
actitud creativa hacia la vida.
patrón es lo que yo llamo una actitud creativa hacia la
vida".

"Los profetas", escribió Blake, "en el sentido moderno de la palabra, nunca han existido. Jonás no fue profeta en el sentido moderno, pues su profecía de Nínive fracasó. Todo hombre honesto es un profeta; expresa su opinión tanto sobre asuntos privados como públicos. Así: Si sigues así, el resultado será así. Nunca dice: tal cosa sucederá, haz lo que quieras. Un Profeta es un Vidente, no un Dictador Arbitrario". La función del Profeta no es decirnos lo que es inevitable, sino decirnos lo que puede construirse a partir de actividades imaginarias persistentes.

El futuro está determinado por las actividades imaginales de la humanidad, actividades en su marcha creadora, actividades que pueden verse en "Tus sueños y las visiones de tu cabeza mientras yaces en la cama." "Ojalá todo el pueblo del Señor fuera profeta" en el verdadero sentido de la palabra, como este bailarín que ahora, desde la cumbre de su ideal realizado, vislumbra cumbres aún más altas que han de ser escaladas. Después de haber leído esta historia, comprenderás por qué está tan seguro de que puede predeterminar cualquier futuro materialista que desee y por qué está igualmente seguro de que otros dan realidad a lo que de otro modo sería un mero producto de su imaginación, que no existe ni puede existir nada fuera de la imaginación en un nivel u otro. Nada sigue existiendo salvo lo que la imaginación sostiene. "... La mente puede hacer Sustancia, y la gente planetas propios con seres más brillantes que han sido, y dar un aliento a las formas que pueden sobrevivir a toda carne ..."

"Como comienza mi historia a la edad de diecinueve años yo era un profesor de baile con un éxito moderado y continué en este estado estático durante casi cinco años. Al final de este tiempo conocí a una joven que me convenció para que asistiera a sus conferencias. Al oírle decir que "la imaginación crea la realidad", pensé que la idea era ridícula. Sin embargo, decidí aceptar su reto y refutar su tesis. Compré su libro "Fuera de este mundo" y lo leí muchas veces. Aún sin estar convencido, me fijé un objetivo bastante ambicioso. Mi puesto actual era el de instructor en el Arthur Murray Dance Studio y mi objetivo era poseer una franquicia y ser yo mismo el jefe de un estudio Arthur Murray.

"Esto parecía lo más improbable del mundo, ya que las franquicias eran extremadamente difíciles de conseguir, pero además de este hecho, carecía por completo de los fondos necesarios para iniciar una operación de este tipo. Sin embargo, asumí la sensación de mi deseo cumplido mientras noche tras noche, en mi imaginación, me iba a dormir dirigiendo mi propio estudio. Tres semanas más tarde me llamó un amigo desde Reno, Nevada. Tenía allí el Estudio Murray y me dijo que era demasiado para él solo. Me ofreció asociarme con él y yo estaba encantado, tanto que me fui a Reno con dinero prestado y me olvidé de ti y de tu historia de Imaginación.

"Mi socio y yo trabajamos duro y tuvimos mucho éxito, pero al cabo de un año todavía no estaba satisfecho, quería más. Empecé a pensar en formas y medios para conseguir otro estudio. Todos mis esfuerzos fracasaron. Una noche, al retirarme, estaba inquieto y decidí leer. Al hojear mi colección de libros, me fijé en su delgado volumen "Fuera de este mundo". Pensé en las "tonterías" por las que había pasado un año antes de conseguir mi propio estudio. TENER MI PROPIO ESTUDIO Las palabras de mi mente me electrizaron. Volví a leer el libro esa noche y más tarde, en mi imaginación, oí a mi superior elogiar el buen trabajo que habíamos hecho en Reno y sugerir que adquiriéramos un segundo estudio, ya que tenía un segundo local preparado para nosotros si deseábamos expandirnos. Representaba esta escena imaginaria todas las noches sin falta. Tres semanas después de la primera noche de mi drama imaginario, se materializó, casi palabra por palabra. Mi socio aceptó el nuevo estudio de Bakersfield y yo me quedé solo con el de Reno. Ahora estaba convencido de la verdad de sus enseñanzas y nunca más lo olvidaré.

"Ahora quería compartir este maravilloso conocimiento del poder imaginal con mi personal. Traté de contarles las maravillas que podían lograr, pero no pude llegar a muchos aunque un incidente fantástico resultó de mis esfuerzos por contar esta historia. Un joven profesor me dijo que creía mi historia pero que probablemente habría ocurrido de todos modos con el tiempo. Insistió en que toda la teoría era un disparate, pero afirmó que si yo pudiera contarle algo de naturaleza increíble que realmente sucediera y de lo que él pudiera ser testigo, entonces creería. Acepté su reto y concebí una prueba realmente fantástica.

"El Estudio de Reno es el más insignificante de todo el sistema Murray debido al escaso número de habitantes de la propia ciudad. Hay más de trescientos Estudios Murray en el país con poblaciones mucho más numerosas, lo que ofrece mayores posibilidades. Así que mi prueba fue la siguiente. Le dije al profesor que en los próximos tres meses, durante una convención nacional de danza, el pequeño estudio de Reno sería el tema principal de conversación en la convención. Me dijo tranquilamente que eso era imposible.

"Aquella noche, cuando me retiré, me sentí ante un público tremendo. Estaba hablando sobre 'Imaginación creativa' y sentí el nerviosismo de estar ante un público tan vasto; pero también sentí la maravillosa sensación de la aceptación del público. Oí el estruendo de los aplausos y, cuando bajé del escenario, vi que el propio Sr. Murray se acercaba y me estrechaba la mano. Reinterpreté todo este drama noche tras noche. Empezó a tener "tintes de realidad" y supe que lo había vuelto a conseguir.

"Mi drama imaginario se materializó hasta el último detalle.

"Mi pequeño estudio de Reno fue la comidilla de la convención y aparecí en el escenario tal y como había imaginado. Pero incluso después de este suceso increíble pero real, el joven profesor que me lanzó el reto seguía sin estar convencido. Dijo que todo había sucedido con demasiada naturalidad. Y estaba seguro de que habría ocurrido de todos modos.

"No me importó su actitud porque su reto me había dado otra oportunidad de demostrar, al menos a mí mismo, que Imaginar sí Crea Realidad. A partir de ese momento, continué con mi ambición de poseer 'el mayor estudio de danza Arthur Murray del mundo'. Noche tras noche, en mi imaginación, me oía a mí mismo aceptando la franquicia de un estudio en una gran ciudad. En tres semanas, el Sr. Murray me llamó y me ofreció un estudio en una ciudad de un millón y medio de habitantes. Ahora mi objetivo es hacer de mi estudio el mayor y más grande de todo el sistema. Y, por supuesto, "sé que lo conseguiré, gracias a mi imaginación"".

E.O.L., JR.

"Imaginar", escribe Douglas Fawcett, "puede ser difícil de captar, pues al ser "como el azogue' se desvanece en cada una de sus metamorfosis y despliega así su magia transformadora". Debemos buscar más allá del hecho físico la imaginación que lo ha provocado. Durante un año, E.O.L., Jr. se perdió en su metamorfosis, pero afortunadamente recordó "las tonterías" por las que había pasado antes de tener su propio estudio... y volvió a leer el libro.

Los actos imaginarios en el plano humano necesitan un cierto intervalo de tiempo para desarrollarse, pero los actos imaginarios, ya se plasmen en letra impresa o se encierren en el seno de un ermitaño, se realizarán con el tiempo.

Haga la prueba, aunque sólo sea por curiosidad. Descubrirá que el "Profeta" es su propio imaginario y sabrá que "no hay ficción".

"Nunca estaremos seguros de que no fue una mujer...
pisando el lagar que comenzó ese sutil cambio
en la mente de los hombres ... o que la pasión, a causa de la cual tantos
muchos países fueron entregados a la espada, no comenzó en
la mente de algún pastorcillo, iluminando sus ojos por un momento antes de seguir su camino".

WILLIAM BUTLER YEATS

No hay ficción. La imaginación se cumple a sí misma en lo que se convierten nuestras vidas. "Y ahora os lo he dicho antes de que suceda, para que cuando suceda, creáis". Los griegos tenían razón: "¡Los dioses han bajado hasta nosotros en semejanza de hombres!". Pero se han dormido y no se dan cuenta del poder que ejercen con sus actividades imaginarias.

"Reales son los sueños de los Dioses, y suavemente pasan
su placer en un largo sueño inmortal".

E.B., escritora, es plenamente consciente de que "la ficción de hoy puede convertirse en la realidad de mañana". En esta carta, ella escribe:

"Una primavera, terminé una novela, la vendí y la olvidé. No fue hasta muchos meses después cuando me senté y comparé nerviosamente algunos 'hechos' de mi ficción con algunos 'hechos' de mi vida. Lea un breve resumen de la historia que he creado. Luego compárelo con mi experiencia personal.

"La heroína de mi historia hizo un viaje de vacaciones a Vermont. A la pequeña ciudad de Stowe, Vermont, para ser exactos. Cuando llegó a su destino se encontró con un comportamiento tan desagradable por parte de su acompañante que tuvo que continuar con su patrón de toda la vida de permitir que la demanda egoísta de otra persona la dominara o romper ese patrón y marcharse. Lo rompió y regresó a Nueva York. A su regreso (y la historia continúa), los acontecimientos se concretaron en una propuesta de matrimonio que ella aceptó encantada.

"Por mi parte de este cuento ... como pequeños acontecimientos evolucionaron ... Empecé a recordar los dictados de mi propia pluma y en relación significativa. Esto es lo que me ocurrió Recibí una invitación de una amiga ofreciéndome unas vacaciones en su lugar de veraneo en Vermont. Acepté y no me sobresalté, al principio, cuando supe que su "lugar de veraneo" estaba en la ciudad de Stowe. Cuando llegué. Encontré a mi anfitriona en un estado tan nervioso que me di cuenta de que me enfrentaba a un verano desdichado o a la opción de "abandonarla". Nunca antes en mi vida había sido lo suficientemente fuerte como para ignorar lo que yo creía que eran las exigencias del deber y la amistad, pero esta vez lo hice y sin ceremonias regresé a Nueva York. Pocos días después de regresar a mi casa, yo también recibí una propuesta de matrimonio. Pero en este punto la realidad y la ficción se separaron. Rechacé la oferta. Lo sé, Neville, la ficción no existe".

E.B.

"Olvidada está la verde tierra, sólo los dioses
recuerdan eternamente ... por sus grandes
recuerdos los dioses son conocidos".

Los finales corren fieles a sus orígenes imaginarios: cosechamos el fruto de un tiempo de florecimiento olvidado. En la vida, los acontecimientos no surgen siempre donde hemos esparcido la semilla, de modo que no podemos reconocer nuestra propia cosecha. Los acontecimientos son el surgimiento de una actividad imaginal oculta. El hombre es libre de imaginar lo que desee. Por eso, a pesar de todos los fatalistas y profetas de la fatalidad equivocados, todos los hombres despiertos saben que son libres. Saben que están creando la realidad. ¿Hay algún pasaje de las Escrituras que apoye esta afirmación? Sí:

"Y sucedió, como él
nos interpretó, así fue".

W. B. Yeats debió de descubrir que "no hay ficción", pues después de describir algunas de sus experiencias en el uso consciente de la imaginación, escribe: "Si todos los que han descrito sucesos como éste no han soñado, deberíamos reescribir nuestras historias, pues todos los hombres, ciertamente todos los hombres imaginativos, deben de estar siempre lanzando encantamientos, espejismos, ilusiones; y todos los hombres, especialmente los hombres tranquilos, que no tienen una vida egoísta poderosa, deben de estar pasando continuamente bajo su poder. Nuestros pensamientos más elaborados, nuestros propósitos más elaborados, nuestras emociones más precisas, a menudo, como pienso, no son realmente nuestros, sino que han surgido de repente, como si salieran del infierno o bajaran del cielo..."

"No hay ficción". Imagina mejor que lo mejor que conoces.

PREGUNTAS Y RESPUESTAS PARA LA REFLEXIÓN

1. ¿Qué quiere decir Neville con la idea de que "no hay ficción"?

- **Respuesta:** Neville sugiere que lo que consideramos ficción (nuestras imaginaciones o sueños) tiene el potencial de manifestarse como realidad. Esto significa que nuestros pensamientos e imaginaciones no son meras fabricaciones; pueden ser los precursores de los acontecimientos actuales. El capítulo utiliza el ejemplo de la novela Futility, donde el barco ficticio "Titán" y el Titanic real tienen sorprendentes paralelos, ilustrando cómo la imaginación puede moldear el mundo real de maneras misteriosas.

-

2. ¿Cómo ilustra el capítulo el concepto de "causalidad mental"?

- **Respuesta:** El capítulo propone que los acontecimientos de nuestra vida no surgen únicamente de causas físicas sino de actividades mentales e imaginales. Cuando alguien imagina repetidamente una escena o situación como real, se ponen en movimiento fuerzas que pueden convertir esta imagen mental en realidad física. Al contar historias de personas que imaginaron sus objetivos hasta que se hicieron realidad, Neville enfatiza que nuestros estados mentales son agentes causales que influyen en nuestras experiencias vividas.

3. ¿Qué responsabilidad dice Neville que tenemos si la imaginación crea la realidad?

- **Respuesta:** Neville sostiene que si nuestra imaginación da forma a la realidad, tenemos la profunda responsabilidad de visualizar resultados positivos y constructivos. Dado que nuestros actos imaginarios pueden volverse reales, es fundamental centrarse en los deseos que conducen a resultados beneficiosos. Esta responsabilidad significa que debemos ser deliberados en nuestros pensamientos y conscientes del tipo de mundo que estamos construyendo mentalmente.

4. ¿Cómo explica Neville el papel de un "profeta"?

- **Respuesta:** Según Neville, un profeta no es alguien que predice un futuro inevitable sino alguien que puede prever posibilidades basadas en actividades imaginales actuales. Los profetas perciben los resultados potenciales de los patrones mentales y emocionales existentes, por lo que "ven" lo que podría suceder si ciertas actitudes persisten. Esto cambia el concepto de profecía del destino determinista a la idea de dar forma consciente a la realidad a través del enfoque mental.

5. ¿Cómo podemos comprobar la afirmación de Neville de que "la imaginación crea la realidad"?

- **Respuesta:** Para probar esto, Neville sugiere establecer una meta específica y usar la imaginación para imaginarla como si ya se hubiera cumplido. Al visualizar y sentir repetidamente el resultado deseado, podemos ver si eventualmente se materializa en la vida real. Las historias del capítulo sirven como ejemplos en los que las personas visualizaron sus ambiciones repetidamente hasta que se hicieron realidad, lo que sugiere que cualquiera puede experimentar con este enfoque para ver si les funciona.

-

6. ¿Por qué Neville sostiene que "no hay ficción" ni siquiera en lo que parece accidental o coincidente?

- **Respuesta:** Neville sugiere que los eventos que parecen accidentales son en realidad el resultado de actos imaginales olvidados o inadvertidos. Él cree que los resultados de la vida están impulsados por las imágenes y pensamientos mentales que hemos tenido, incluso si parecen distantes o insignificantes en ese momento. Esto significa que lo que podríamos descartar como "sólo una coincidencia" es probablemente el resultado de un proceso causal más profundo e invisible en la imaginación.

-

7. ¿Cómo podemos cambiar nuestras vidas según la filosofía de Neville en este capítulo?

- **Respuesta:** La filosofía de Neville implica que cambiando nuestro enfoque mental e imaginando activamente nuestras circunstancias ideales, podemos transformar nuestras vidas. Dado que cree que la imaginación tiene poder creativo, centrarse en los resultados positivos y deseados como si ya fueran ciertos puede cambiar el curso de nuestras vidas hacia esos resultados. Esto implica no sólo imaginar sino también encarnar los sentimientos asociados con tener ya lo que queremos.

-

8. ¿Qué añaden al mensaje de Neville las citas de autores como WB Yeats y Katherine Mansfield?

- **Respuesta:** Las citas de otros autores enfatizan que la idea de que la imaginación crea la realidad no es exclusiva de Neville. WB Yeats, Katherine Mansfield y otros reconocen el impacto de la percepción mental en la experiencia, alineándose con la visión de Neville de que cambiar nuestros pensamientos y actitudes puede remodelar nuestra realidad. Estas perspectivas apoyan la noción de Neville de que la realidad no es fija, sino que está moldeada por nuestro compromiso mental y emocional.

CAPÍTULO CINCO
HILOS SUTILES

"... todo lo que contemplas; aunque parezca Sin, está dentro; en tu imaginación, de la cual este Mundo de la Mortalidad no es más que una Sombra".
BLAKE

Nada aparece o continúa existiendo por un poder propio. Los sucesos ocurren porque actividades imaginarias comparativamente estables los crearon, y continúan existiendo en virtud del apoyo que reciben de tales actividades imaginarias. El papel que desempeña la imaginación del deseo cumplido en la creación consciente de circunstancias es evidente en esta serie de historias.

Verán cómo el relato de una historia de uso exitoso de la imaginación puede servir de acicate y desafío a otros para que "prueben" y "vean".

Una noche, un caballero se levantó entre mi público. Dijo que no tenía ninguna pregunta que hacerme, pero que le gustaría contarme algo. Esta era su historia:

Cuando salió de las Fuerzas Armadas después de la Segunda Guerra Mundial, consiguió un trabajo que le permitía ganar 25 dólares a la semana. Al cabo de diez años ganaba 600 dólares al mes. En esa época compró mi libro "Awakened Imagination" y leyó el capítulo "The Pruning Shears of Revision". A través de la práctica diaria de la "Revisión", tal como se expone allí, fue capaz de decir a mi audiencia dos años más tarde que sus ingresos eran iguales a los del Presidente de los Estados Unidos.

En mi audiencia estaba sentado un hombre que, según confesó, estaba arruinado. Había leído el mismo libro, pero de repente se dio cuenta de que no había hecho nada con el uso de su imaginación para resolver su problema financiero.

Decidió que intentaría imaginarse a sí mismo como el ganador de la quiniela 5-10 del hipódromo de Caliente. En sus palabras: "En esta quiniela, uno intenta elegir ganadores de la quinta a la décima carrera. Esto es lo que hice: En mi imaginación, clasifiqué mis boletos y sentí que tenía a cada uno de los seis ganadores. Representé esta escena una y otra vez en mi imaginación, hasta que se me puso la piel de gallina. Entonces "vi" a la cajera dándome una gran suma de dinero que me puse debajo de mi camisa imaginaria. Este era todo mi drama imaginario; y durante tres semanas, noche tras noche, representé esta escena y me quedé dormido en la acción.

"Al cabo de tres semanas viajé físicamente al hipódromo de Caliente, y aquel día cada detalle de mi juego imaginario se hizo realidad. El único cambio en la escena fue que el cajero me dio un cheque por un total de 84.000 dólares en lugar de moneda."

T.K.

Después de mi conferencia la noche en que se contó esta historia, un hombre del público me preguntó si creía posible que él pudiera duplicar la experiencia de T.K.. Le dije que él mismo debía decidir las circunstancias de su escena imaginaria, pero que cualquiera que fuese, debía crear un drama que él pudiera hacer natural para sí mismo e imaginar el final intensamente con todo el sentimiento que pudiera reunir; no debía trabajar por los medios para el fin, sino vivir imaginariamente en el sentimiento del deseo cumplido.

Un mes más tarde me enseñó un cheque de 16.000 dólares que había ganado en otra quiniela de 5-10 en el mismo hipódromo de Caliente el día anterior.

Este hombre tuvo una secuela de lo más interesante al duplicar la buena fortuna de T.K.. Su primera victoria resolvió sus dificultades económicas inmediatas, aunque quería más dinero para la seguridad de su familia en el futuro. Además, y más importante para él, quería demostrar que no había sido un "accidente". Pensó que si su buena suerte podía repetirse una segunda vez consecutiva, la llamada "ley de los porcentajes" daría paso para él a la prueba de que sus estructuras imaginarias estaban produciendo realmente esta "realidad" milagrosa. Así que se atrevió a poner su imaginación a prueba por segunda vez. Continúa:

"Yo quería una cuenta bancaria importante y esto, para mí, significaba 'ver' un saldo grande en mis extractos bancarios. Así que, en mi imaginación, representé una escena que me llevaba a dos bancos. En cada banco "vería" una sonrisa de agradecimiento del director al entrar en su establecimiento y "oiría" el cordial saludo del cajero. Pedía ver mi extracto. En un banco "vi" un saldo de 10.000 dólares. En el otro banco "vi" un saldo de 15.000 dólares.

"Mi escena imaginaria no terminaba ahí. Inmediatamente después de ver mis saldos bancarios, dirigía mi atención a mi sistema de carreras de caballos que, a través de una progresión de diez pasos, llevaría mis ganancias a 11.533,00 dólares con un capital inicial de 200,00 dólares.

"Dividiría las ganancias en doce montones sobre mi escritorio. Contando el dinero en mis manos imaginarias, pondría 1.000 dólares en cada uno de los once montones y los quinientos treinta y tres dólares restantes en el último. Mi "contabilidad imaginaria" ascendería a 36.533 dólares, incluidos mis saldos bancarios.

"Representé toda esta escena imaginativa cada mañana, tarde y noche durante menos de un mes y, el dos de marzo, fui de nuevo a la pista de Caliente. Hice mis boletos, pero extrañamente y sin saber por qué lo hice, dupliqué otros seis boletos exactamente iguales a los seis ya hechos, pero en la décima selección cometí un 'error' y copié dos boletos dos veces. Al salir los ganadores, me quedé con dos de ellos, cada uno de los cuales pagaba 16.423,50 dólares. También tenía seis boletos de consolación, cada uno de los cuales pagaba 656,80 $. El total combinado ascendía a 36.788 dólares. Mi contabilidad imaginaria de un mes antes ascendía a 36.533 dólares. Dos puntos de interés, los más profundos para mí, fueron que por aparente accidente había marcado dos boletos ganadores idénticos y también, que al final de la novena carrera (que fue una de las principales ganadoras) el entrenador intentó 'rascar' al caballo, pero los Comisarios denegaron la petición del entrenador."

A.J.F.

¿Hasta qué punto eran sutiles los hilos que conducían a su objetivo? Los resultados deben atestiguar nuestra imaginación o realmente no estamos imaginando el final en absoluto. A.J.F. imaginó fielmente el final, y todas las cosas conspiraron para ayudar a su cosecha. Su "error" al copiar dos veces un boleto ganador, y la negativa del comisario a permitir la petición del entrenador fueron acontecimientos creados por el drama imaginal para hacer avanzar el plan de las cosas hacia su objetivo.

"El azar", escribió Belfort Bax, "puede definirse como ese elemento en el cambio de la realidad -es decir, en la síntesis fluida de los acontecimientos- que es irreductible a la ley o a la categoría causal".

Para vivir sabiamente debemos ser conscientes de nuestras actividades imaginarias o, en todo caso, del fin al que tienden. Debemos procurar que sea el fin que deseamos. La imaginación sabia sólo se identifica con aquellas actividades que tienen valor o prometen bien. Por mucho que el hombre parezca tratar con un mundo material, en realidad vive en un mundo de imaginación. Cuando descubra que lo que da forma a su vida no es el mundo físico de los hechos, sino las actividades imaginarias, entonces el mundo físico dejará de ser la realidad, y el mundo de la imaginación dejará de ser el sueño.

"¿Es el camino cuesta arriba todo el
cuesta arriba? Sí, hasta el final.
¿El viaje durará todo el día?
día? De la mañana a la noche, amigo mío".

PREGUNTAS Y RESPUESTAS PARA LA REFLEXIÓN

1. ¿Qué quiere decir Neville con "todo lo que ves... está dentro"?

- **Respuesta:** Neville se basa en el concepto de William Blake de que el mundo exterior es un reflejo de nuestra imaginación y estados mentales internos. Esto significa que las circunstancias de nuestra vida son manifestaciones de lo que imaginamos constantemente, en lugar de eventos que suceden independientemente fuera de nosotros. Nuestras experiencias reflejan nuestros pensamientos, creencias y emociones, y al cambiar nuestra imaginación, podemos cambiar lo que experimentamos en el mundo.

-

2. ¿Cómo ilustran las historias de este capítulo el poder de la imaginación para crear resultados tangibles?

- **Respuesta:** Cada historia demuestra el principio de que imaginar conscientemente un final deseado con viveza y compromiso emocional puede conducir a manifestaciones en la vida real de esas escenas imaginadas. Por ejemplo, TK se imaginó ganando en la pista de carreras y, finalmente, lo hizo. De manera similar, AJF imaginó el éxito financiero a través de un conjunto específico de acciones y, a través de un "error" inesperado, lo logró casi exactamente como lo había imaginado. Estas historias muestran que la imaginación intensa y persistente alinea la realidad con nuestros deseos internos.

-

3. Neville aconseja no "trabajar por los medios hasta el fin, sino vivir imaginativamente en el sentimiento del deseo cumplido". ¿Qué significa esto y cómo podrías aplicarlo en tu propia vida?

- **Respuesta:** Este consejo sugiere que en lugar de centrarnos en cómo sucederá algo, debemos centrarnos en la sensación de que nuestro deseo ya está cumplido. En la práctica, esto significa cultivar emociones y pensamientos como si ya hubiéramos logrado lo que deseamos. Aplicar esto podría implicar visualizar el trabajo de sus sueños, una relación amorosa o el éxito financiero y sentir profundamente las emociones asociadas con lograrlos, en lugar de estresarse por los pasos para llegar allí.

-

4. ¿Cómo ilustra el "error" de AJF al marcar dos veces sus boletos ganadores la idea de Neville de que hilos sutiles nos mueven hacia nuestras metas?

- **Respuesta:** El "error" de AJF no fue un accidente sino parte del desarrollo natural de su acto imaginal. Los "hilos sutiles" que menciona Neville son las conexiones y circunstancias invisibles que surgen cuando mantenemos una visión enfocada. Incluso errores o sorpresas aparentemente pequeños, como marcar el billete dos veces, sirven para cumplir el fin imaginado. Sugiere que, si confiamos en el proceso, los acontecimientos que tal vez no comprendamos o controlemos desempeñan un papel a la hora de hacer realidad nuestras escenas imaginadas.

-

5. ¿Qué quiere decir Neville con "imaginación sabia" y por qué es importante centrarse en el "fin que deseamos"?

- **Respuesta:** Imaginar sabiamente significa dirigir intencionalmente nuestra imaginación hacia visiones y sentimientos que sean valiosos y positivos. Neville cree que debido a que nuestra imaginación da forma a nuestro mundo, debemos ser conscientes de lo que elegimos visualizar. Al centrarnos en fines positivos, creamos experiencias de vida constructivas. Esta práctica es fundamental porque imaginar fines negativos o no deseados puede conducir a circunstancias que no favorecen nuestro bienestar.

-

6. ¿Cómo interpretas el poema al final del capítulo en relación con las enseñanzas de Neville?

- **Respuesta:** La línea del poema, "¿El camino serpentea cuesta arriba hasta el final?" Refleja el viaje de perseverancia en la filosofía de Neville. El camino cuesta arriba simboliza el esfuerzo necesario para permanecer enfocados en nuestro fin deseado, incluso a través de desafíos. Nos recuerda que, si bien el viaje de la imaginación fiel puede ser largo y requiere dedicación, es un esfuerzo que vale la pena y que, en última instancia, conduce a la realización. Alienta a los lectores a permanecer comprometidos con sus actos imaginados desde "la mañana hasta la noche ", confiando en que darán frutos.

-

7. ¿De qué manera puedes empezar a practicar la "Revisión" en tu vida diaria como lo sugiere Neville en "Las tijeras de podar de la revisión"?

- Respuesta: La revisión implica volver a experimentar mentalmente eventos pasados y modificarlos para alinearlos con el resultado deseado. Practicar la revisión podría significar, por ejemplo, revisar una conversación difícil e imaginar que termina positivamente, o revisar un revés financiero como una lección que condujo al éxito futuro. Al revisar las experiencias diarias, remodelamos nuestras creencias subconscientes, que en última instancia pueden cambiar nuestras circunstancias externas.

CAPÍTULO SEIS
FANTASÍA VISIONARIA

"La naturaleza de la fantasía visionaria, o imaginación,
es muy poco conocida, y la naturaleza externa
y la permanencia de sus imágenes siempre existentes es
menos permanentes que las cosas de la Naturaleza Vegetativa y Generativa.
Naturaleza Vegetativa y Generativa; sin embargo el Roble
como la lechuga, pero su imagen eterna y su individualidad nunca mueren, sino que se renuevan.
e Individualidad nunca muere, sino que se renueva por su
sino que se renueva por su semilla; del mismo modo la Imagen Imaginativa vuelve
por la semilla del Pensamiento Contemplativo".
BLAKE

Las imágenes de nuestra imaginación son las realidades de las que cualquier manifestación física es sólo la sombra. Si somos fieles a la visión, la imagen creará por sí misma la única manifestación física de sí misma que tiene derecho a hacer. Hablamos de la "realidad" de una cosa cuando nos referimos a su sustancia material. Eso es exactamente lo que un imaginista entiende por su "irrealidad" o sombra.

Imaginar es sensación espiritual. Entra en la sensación de tu deseo cumplido. A través de la sensación espiritual -

mediante el uso de la vista, el oído, el olfato, el gusto y el tacto imaginarios- darás a tu imagen la vivacidad sensorial necesaria para producir esa imagen en tu mundo exterior o de sombra.

He aquí la historia de alguien que fue fiel a su visión. F.B., que era un verdadero imaginista, recordaba lo que había oído en su imaginación. Así escribe:

"Un amigo que conoce mi apasionada afición por la ópera intentó conseguirme en Navidad la grabación completa de Tristán e Isolda de Kirsten Flagstad. En más de una docena de tiendas de discos le dijeron lo mismo: 'RCA Victor no está reeditando esta grabación y no hay copias disponibles desde junio'. El 27 de diciembre, decidí probar de nuevo su principio consiguiendo el álbum que deseaba tan intensamente. Recostado en el salón de mi casa, entré mentalmente en la tienda de discos que frecuento y pregunté al único vendedor cuya cara y voz recordaba: "¿Tiene la Isolda completa de Flagstad? Me contestó: "Sí, la tengo". Así terminó la escena y la repetí hasta que fue "real" para mí.

"A última hora de la tarde fui a la tienda de discos para representar físicamente la escena. Ni un solo detalle suministrado por los sentidos me había animado a creer que podría salir de aquella tienda con aquellos discos. El mismo vendedor me había contado en septiembre, en la misma tienda, la misma historia que mi amigo había recibido allí antes de Navidad. Acercándome al vendedor que había visto con la imaginación aquella mañana, le dije: "¿Tiene la Isolda completa de Flagstad?". Me contestó.

No, no tenemos". Sin decir nada audible para él, me dije para mis adentros: '¡No es eso lo que le he oído decir!

Cuando me disponía a salir de la tienda, vi en un estante superior lo que me pareció un anuncio de ese juego de discos y le dije al vendedor: "Si no tienen la mercancía, no deberían anunciarla". Así es", respondió, y cuando alargó la mano para bajarlo, descubrió que se trataba de un álbum completo, ¡con los cinco discos! La escena no se desarrolló exactamente como yo la había construido, pero el resultado confirmó lo que mi escena imaginada implicaba. ¿Cómo puedo agradecérselo?".

F.B.

Después de leer la carta de F.B. debemos estar de acuerdo con Anthony Eden en que "Una suposición, aunque falsa, si se persiste en ella se endurecerá hasta convertirse en un hecho". La fantasía de F.B., al fundirse con el campo sensorial de la tienda de discos, enriqueció aspectos de la misma y los hizo "suyos": lo que él percibía.

Nuestro futuro es nuestra imaginación en su marcha creativa. F.B. utilizó su imaginación con un propósito consciente, representando la vida tal y como deseaba que fuera y, de este modo, afectando a la vida en lugar de limitarse a reflejarla. Tan seguro estaba de que su drama imaginal era la realidad -y el acto físico sólo una sombra- que cuando el vendedor dijo: "No, no lo hemos hecho", F.B. dijo mentalmente: "¡Eso no es lo que le he oído decir!". No sólo recordaba lo que había oído, sino que seguía recordándolo. Imaginar el deseo cumplido es la búsqueda que encuentra, la petición que recibe, la llamada a la que se abre. Vio y oyó lo que deseaba ver y oír; y no aceptó un "No, no lo hemos visto" por respuesta.

El imaginista sueña despierto. No es el siervo de la Visión, sino el amo de la dirección de su atención. La constancia imaginativa controla la percepción de los acontecimientos en el espacio-tiempo.

Por desgracia, la mayoría de los hombres son ...

"Siempre cambiantes, como un ojo sin alegría
Que no encuentra objeto digno de su constancia"

La Sra. G.R. también había oído imaginativamente lo que quería oír físicamente y sabía que el mundo exterior debía confirmarlo. Esta es su historia:

"Hace algún tiempo anunciamos la venta de nuestra casa, necesaria para comprar una propiedad más grande, por la que habíamos pagado un depósito. Varias personas habrían comprado nuestra casa inmediatamente, pero nos vimos obligados a explicar que no podíamos cerrar ningún trato hasta saber si nuestra oferta por la propiedad que queríamos había sido aceptada o no. En ese momento, un agente nos llamó y nos rogó literalmente que le permitiéramos enseñar nuestra casa a un cliente suyo que estaba deseando comprar en ese lugar y que estaría encantado de pagar incluso más de lo que pedíamos. Explicamos nuestra situación al agente y a su cliente, y ambos dijeron que no les importaba esperar a que se cerrara el trato. El agente nos pidió que firmáramos un documento que, según dijo, no era vinculante en modo alguno, pero que le daría la primera oportunidad de venta si nuestra otra operación se cerraba. Firmamos el documento y más tarde nos enteramos de que, según la legislación inmobiliaria de California, nada podía ser más vinculante. Unos días más tarde, nuestro acuerdo para la nueva propiedad se vino abajo, así que se lo notificamos a este agente y su respuesta verbal fue: "Bueno, olvídalo". Dos semanas después nos demandó por mil quinientos dólares de comisión. Se fijó la fecha del juicio y pedimos un juicio con jurado.

"Nuestro abogado nos aseguró que haría todo lo posible, pero que la ley en este punto en particular era tan estricta que no veía ninguna posibilidad de que ganáramos el caso. Cuando llegó la hora del juicio, mi marido estaba en el hospital y no pudo acompañarme en nuestra defensa. Yo no tenía testigos, pero el agente trajo al tribunal tres abogados y varios testigos en nuestra contra. Nuestro abogado me dijo que no teníamos la menor posibilidad de ganar.

"Recurrí a mi imaginación, y esto es lo que hice. Haciendo caso omiso de todo lo que habían dicho los abogados, los testigos y el juez, que parecía favorecer al demandante, sólo pensé en las palabras que quería oír. En mi imaginación, escuché atentamente y oí al presidente del jurado decir: "Declaramos al acusado inocente". Escuché hasta que supe que era cierto. Cerré el oído de mi mente a todo lo que se decía en la sala y sólo oí esas palabras: "Declaramos al acusado inocente". El jurado deliberó desde el receso del mediodía hasta las cuatro y media de la tarde, y durante todas esas horas me senté en la sala y oí esas palabras una y otra vez en mi imaginación. Cuando los miembros del jurado regresaron, el juez pidió al presidente que se pusiera en pie y diera su veredicto. El presidente se levantó y dijo: 'Declaramos al acusado NO culpable'".

SRA. G.R.

"Si hubiera sueños para vender ¿Qué comprarías?"

¿No comprarías tu deseo cumplido? Tus sueños no tienen precio ni dinero. Encerrando al jurado en su imaginación -escuchando sólo lo que ella quería oír-, llamó al jurado a la unanimidad en su favor. Siendo la imaginación la realidad de todo lo que existe, con ella la dama consiguió que se cumpliera su deseo. La afirmación de Hebbel de que "el poeta crea a partir de la contemplación" es cierta también para los imaginistas. Saben utilizar sus alucinaciones de vídeo-audio para crear la realidad.

Nada es tan fatal como el conformismo. No debemos dejarnos ceñir por la fijeza anillada de los hechos. Cambia la imagen y cambiarás el hecho. R.O. empleó el arte de ver y sentir para crear su visión en la imaginación.

"Hace un año me llevé a mis hijos a Europa dejando mi apartamento amueblado al cuidado de mi criada. Cuando regresamos unos meses después a Estados Unidos, me encontré con que mi criada y todos mis muebles habían desaparecido. El conserje del apartamento dijo que la criada había trasladado mis muebles "a petición mía". No podía hacer nada por el momento, así que cogí a mis hijos y me fui a vivir a un hotel. Por supuesto, denuncié el incidente a la policía y también recurrí a detectives privados. Ambas organizaciones investigaron todas las empresas de mudanzas y todos los almacenes de Nueva York, pero fue en vano. No parecía haber ni rastro de mis muebles ni de mi asistenta.

"Habiendo agotado todas las fuentes externas, recordé sus enseñanzas y decidí que intentaría usar mi imaginación en este asunto. Así que, sentado en mi habitación de hotel, cerré los ojos y me imaginé en mi propio apartamento, sentado en mi sillón favorito y rodeado de todos mis muebles personales. Miré a través del salón el piano en el que guardaba las fotos de mis hijos. Me quedaba mirando el piano hasta que toda la habitación se volvía real para mí. Podía ver las fotos de mis hijos y sentir la tapicería de la silla en la que, en mi imaginación, me sentaba.

"Al día siguiente, al salir de mi banco, me volví para caminar en dirección a mi apartamento vacío en vez de hacia mi hotel. Al llegar a la esquina descubrí mi "error" y estaba a punto de dar media vuelta cuando me llamó la atención un par de tobillos muy familiares. Sí, los tobillos pertenecían a mi criada. Me acerqué a ella y la cogí del brazo. Estaba bastante asustada, pero le aseguré que lo único que quería de ella eran mis muebles. Llamé a un taxi y ella me llevó al lugar en el que sus amigas habían guardado mis muebles. En un día, mi imaginación había encontrado lo que toda una fuerza policial de una gran ciudad y unos investigadores privados no pudieron hallar en semanas."

R.O.

Esta señora conocía el secreto de imaginar antes de llamar a la policía, pero imaginar -a pesar de su importancia- fue olvidado debido a que la atención se fijó en los hechos. Sin embargo, lo que la razón no pudo encontrar por la fuerza, la imaginación lo encontró sin esfuerzo. Nada continúa -incluida la sensación de pérdida- sin su apoyo imaginario. Al imaginar que estaba sentada en su propia silla, en su propio salón, rodeada de todos sus muebles, retiró el apoyo imaginal que había dado a su sensación de pérdida; y mediante este cambio imaginal recuperó sus muebles perdidos y restableció su hogar.

Tu imaginación es más creativa cuando imaginas las cosas como deseas que sean, construyendo una nueva experiencia a partir de un sueño de fantasía. Para construir ese sueño de fantasía en su imaginación, F.G. puso en juego todos sus sentidos: la vista, el oído, el tacto, el olfato e incluso el gusto. Esta es su historia:

"Desde niña he soñado con visitar lugares lejanos. Las Indias Occidentales, en particular, me encantaban, y me deleitaba con la sensación de estar allí. Los sueños son maravillosamente baratos y de adulta seguí soñando mis sueños, porque no tenía dinero ni tiempo para hacerlos 'realidad'. El año pasado me llevaron al hospital para operarme. Había oído sus enseñanzas y, mientras me recuperaba, decidí intensificar mi ensoñación favorita mientras tuviera tiempo libre. Escribí a la compañía naviera Alcoa Steamship Line solicitando carpetas de viaje gratuitas y las estudié con detenimiento, hora tras hora, eligiendo el barco y el camarote y los siete puertos que más deseaba ver. Cerraba los ojos y, en mi imaginación, subía por la pasarela de aquel barco y sentía el movimiento del agua cuando el gran transatlántico se abría paso hacia el océano libre. Oía el ruido sordo de las olas rompiendo contra los costados del barco, sentía el calor humeante de un sol tropical en la cara y olía y saboreaba la sal en el aire mientras navegábamos por aguas azules.

"Durante una semana, postrado en una cama de hospital, viví la experiencia libre y feliz de estar en aquel barco. Luego, el día antes de mi salida del hospital, guardé las carpetas de colores y las olvidé. Dos meses después recibí un telegrama de una agencia de publicidad diciéndome que había ganado un concurso. Recordaba haber depositado un cupón del concurso unos meses antes en un supermercado del barrio, pero había olvidado por completo el acto. Había ganado el primer premio y, maravilla de las maravillas, tenía derecho a un crucero por el Caribe patrocinado por la Alcoa Steamship Line. Pero la maravilla no acabó ahí. Me habían asignado el mismo camarote en el que yo había vivido y me había movido imaginariamente mientras estaba postrado en una cama de hospital. Y para hacer aún más increíble una historia increíble, navegué en el barco que yo había elegido, ¡que hizo escala no en uno, sino en los siete puertos que yo había deseado visitar!".

F.G.

"Viajar es un privilegio, no de los ricos, sino de los imaginativos.
de los ricos, sino de los imaginativos".

PREGUNTAS Y RESPUESTAS PARA LA REFLEXIÓN

1. ¿Qué quiere decir Blake con "La naturaleza de la fantasía o imaginación visionaria es muy poco conocida..." y cómo se relaciona esto con las historias de este capítulo?

- **Respuesta:** Blake sugiere que la gente a menudo malinterpreta o subestima la imaginación, viéndola como menos real que los objetos físicos. Sin embargo, la imaginación tiene un impacto más profundo y duradero que el mundo físico, ya que puede sembrar nuevas experiencias y manifestaciones. Cada historia de este capítulo demuestra cómo la imaginación, cuando se mantiene con fe e intensidad, puede manifestarse en la realidad física.

-

2. ¿Cómo utilizó FB la "sensación espiritual" para manifestar su deseo por el álbum musical y qué podemos aprender de su enfoque?

- **Respuesta:** FB usó su imaginación para activar todos sus sentidos: entró mentalmente a la tienda, escuchó al vendedor decir que tenía el álbum y repitió la escena hasta que le pareció real. Este ejemplo muestra el poder de sumergirse completamente en el resultado deseado, independientemente de la realidad física del momento. Su fe y visualización detallada lo ayudaron a alinearse con su objetivo, que eventualmente reflejó el mundo exterior.

3. ¿Cuál es el significado de la reacción de FB: "¡Eso no es lo que te oí decir!" ¿Y cómo le ayudó a realizar su deseo?

- **Respuesta:** La respuesta interna de FB demostró su fe inquebrantable en su visión. Al rechazar la respuesta física y reafirmar su experiencia mental, mantuvo su alineación con el resultado que deseaba. Esta acción resalta la importancia de creer en la visión interna de uno por encima de cualquier evidencia externa contradictoria, lo que refuerza que la creencia interna puede cambiar las circunstancias externas.

-

4. La Sra. GR imaginó las palabras "Declaramos inocente al acusado". ¿Cómo influyó su imaginación concentrada en el veredicto del jurado?

- **Respuesta:** La Sra. GR creó un ambiente mental inquebrantable al escuchar constantemente el veredicto que deseaba. A pesar de la abrumadora evidencia externa que sugería que perdería, su persistencia en escuchar "no culpable" en su imaginación creó una alineación psicológica con el resultado deseado, que se reflejó en el veredicto real. Su ejemplo enfatiza el poder de una creencia enfocada y sostenida.

-

5. ¿Cómo recuperó RO sus muebles perdidos mediante el poder de la imaginación, y qué nos enseña esto sobre los límites del razonamiento lógico frente a la fe imaginativa?

- **Respuesta:** RO se visualizó en su departamento rodeada de sus pertenencias, y poco después, inesperadamente se encontró con su ex sirvienta, quien la condujo hasta los muebles desaparecidos. Su experiencia revela que la fe imaginativa puede producir resultados más allá del razonamiento lógico, lo que sugiere que una imagen interior enfocada puede generar soluciones inesperadas que desafían la lógica típica.

-

6. FG manifestó un crucero por el Caribe a través de su práctica imaginativa. ¿Qué elementos incorporó para que su visualización fuera poderosa y efectiva?

- **Respuesta:** FG involucró todos sus sentidos: vio, escuchó, sintió, olió y saboreó la experiencia del crucero en su imaginación. Este enfoque multisensorial fortaleció su deseo e hizo que su experiencia mental pareciera lo más real posible, lo que finalmente se materializó como un crucero real. Su historia muestra la importancia de los detalles sensoriales vívidos y la participación emocional al imaginar un deseo cumplido.

-

7. Reflexione sobre la afirmación: "Viajar es un privilegio, no de los ricos sino de los imaginativos".

¿Cómo se relaciona esto con el poder de la imaginación demostrado en el capítulo?

- **Respuesta:** Esta afirmación sugiere que la verdadera libertad y aventura son accesibles a aquellos que pueden imaginar vívidamente sus deseos, independientemente de sus medios económicos. Las historias del capítulo ilustran que el poder imaginativo de cada uno es un recurso ilimitado que permite a cualquiera experimentar sus sueños abrazándolos plenamente en la imaginación primero.

-

8. ¿Cómo se puede aplicar en tu vida el principio de "imaginar el deseo cumplido"?

- **Respuesta:** Al identificar un deseo específico, crear una escena mental detallada que represente su cumplimiento e involucrar todos los sentidos para hacerlo sentir real, uno puede comenzar a atraer circunstancias que se alineen con el resultado deseado. Practicar esto con regularidad ayuda a solidificar la creencia de que el deseo es alcanzable, allanando el camino para que se manifieste.

CAPÍTULO SIETE
ESTADO DE ÁNIMO

"Esta es una época en la que el estado de ánimo
decide la suerte de la gente
que las fortunas deciden el estado de ánimo".
SIR WINSTON CHURCHILL

Los hombres consideran sus estados de ánimo demasiado como efectos y no lo suficiente como causas. Los estados de ánimo son actividades imaginarias sin las cuales no hay creación posible. Decimos que somos felices porque hemos alcanzado nuestro objetivo; no nos damos cuenta de que el proceso funciona igualmente en sentido inverso: que alcanzaremos nuestro objetivo porque hemos asumido el sentimiento feliz del deseo cumplido.

Los estados de ánimo no son sólo el resultado de las condiciones de nuestra vida; también son las causas de esas condiciones. En "La psicología de las emociones", el profesor Ribot escribe: "Una idea que sólo es una idea no produce nada ni hace nada; sólo actúa si es sentida, si va acompañada de un estado efectivo, si despierta tendencias, es decir, elementos motores."

La dama del cuento siguiente sintió con tanto éxito el sentimiento de su deseo cumplido, que hizo de su estado de ánimo el personaje de la noche congelada en un sueño delicioso.

"La mayoría de nosotros leemos y amamos los cuentos de hadas, pero todos sabemos que las historias de improbables riquezas y buena fortuna son para deleite de los más jóvenes. Pero, ¿lo son? Quiero contarles algo increíblemente maravilloso que me ocurrió gracias al poder de mi imaginación, y no soy "joven" en años. Vivimos en una época que no cree ni en la fábula ni en la magia y, sin embargo, todo lo que podía desear en mis sueños más salvajes me fue dado por el simple uso de lo que usted enseña: que "imaginar crea realidad" y que "sentir" es el secreto de imaginar.

"En el momento en que me ocurrió esta maravilla, me había quedado sin trabajo y no tenía familia en la que apoyarme. Lo necesitaba casi todo. Para encontrar un trabajo decente necesitaba un coche para buscarlo, y aunque tenía un coche estaba tan gastado que estaba a punto de caerse a pedazos. Estaba atrasada en el pago del alquiler; no tenía ropa adecuada para buscar trabajo; y hoy en día no es divertido para una mujer de cincuenta y cinco años solicitar un empleo de cualquier tipo. Mi cuenta bancaria estaba casi agotada y no tenía ningún amigo a quien recurrir.

"Pero llevaba casi un año asistiendo a sus conferencias y mi desesperación me obligó a poner a prueba mi imaginación. No tenía nada que perder. Era natural para mí, supongo, empezar imaginando que tenía todo lo que necesitaba. Pero necesitaba tantas cosas y en tan poco tiempo que me encontré agotada cuando por fin terminé la lista, y para entonces estaba tan nerviosa que no podía dormir. Una noche te oí hablar de un artista que plasmó en su experiencia personal el "sentimiento", o la "palabra", como tú lo llamabas, de "¿no es maravilloso? Empecé a aplicar esta idea a mi caso. En lugar de pensar e imaginar todos los artículos que necesitaba, intenté captar la "sensación" de que me estaba ocurriendo algo maravilloso, no mañana, ni la semana que viene, sino ahora mismo. Me repetía una y otra vez mientras me dormía: "¿No es maravilloso? ¡Algo maravilloso me está sucediendo ahora! Y mientras me dormía me sentía como esperaba sentirme en tales circunstancias.

"Repetí esa acción y esa sensación imaginarias durante dos meses, noche tras noche, y un día, a principios de octubre, me encontré con un amigo ocasional al que no veía desde hacía meses y que me informó de que estaba a punto de irse de viaje a Nueva York. Yo había vivido en Nueva York hacía muchos años y hablamos de la ciudad unos instantes y luego nos separamos. Olvidé por completo el incidente. Un mes después, tal día como hoy, este hombre llamó a mi apartamento y simplemente me entregó un cheque certificado a mi nombre por valor de dos mil quinientos dólares. Cuando superé el shock inicial de ver mi nombre en un cheque por tanto dinero, la historia que se desarrolló me pareció un sueño. Se trataba de un amigo al que hacía más de veinticinco años que no veía ni sabía nada de él. Ahora me enteraba de que ese amigo del pasado se había hecho extremadamente rico en esos veinticinco años. Nuestro conocido común, que me había traído el cheque, se había encontrado con él por casualidad durante el viaje a Nueva York del mes anterior. Durante su conversación hablaron de mí, y por razones que yo desconocía (pues hasta el día de hoy no he sabido nada de él personalmente y nunca he intentado ponerme en contacto con él) este viejo amigo decidió compartir conmigo una parte de su gran fortuna.

"Durante los dos años siguientes, recibí de la oficina de su abogado cheques mensuales tan generosos que no sólo cubrían todas las necesidades de la vida diaria, sino que me dejaban mucho dinero para todas las cosas bonitas de la vida: un coche, ropa, un apartamento espacioso y, lo mejor de todo, sin necesidad de ganarme el pan de cada día.

"El mes pasado recibí una carta y unos papeles legales para firmar que me garantizan la continuación de estos ingresos mensuales durante el resto de mi vida".

T.K.

"Si el necio persistiera en su necedad
se volvería sabio".

Sir Winston nos pide que actuemos suponiendo que ya poseemos lo que buscamos, que "asumamos una virtud" si no la tenemos. ¿No es éste el secreto de los "milagros"? Así, al hombre paralítico se le dijo que se levantara, que tomara su cama y caminara; que actuara mentalmente como si estuviera curado; y cuando las acciones de su imaginación se correspondieron con las acciones que realizaría físicamente si estuviera curado, se curó.

"Esta es una historia sobre la que algunos pueden decir: 'habría sucedido de todos modos', pero quienes la lean con atención encontrarán lugar para asombrarse. Comienza hace un año, cuando salí de Los Ángeles para visitar a mi hija en San Francisco. En lugar de la persona alegre que siempre había sido, la encontré profundamente angustiada. Sin saber la causa de su angustia y sin querer preguntar, esperé hasta que me dijo que tenía grandes problemas económicos y que necesitaba tres mil dólares inmediatamente. No soy una mujer pobre, pero no tenía mucho dinero en efectivo que pudiera poner en mis manos tan rápidamente. Conociendo a mi hija, sabía que de todos modos no lo habría aceptado. Me ofrecí a prestarle el dinero, pero ella se negó y me pidió que la ayudara "a mi manera"... se refería a usar mi imaginación, porque yo le había hablado a menudo de tus enseñanzas y algunas de mis palabras debieron de calar hondo.

"Inmediatamente acepté este plan con la condición de que ella me ayudara a ayudarla. Nos decidimos por una escena imaginaria que ambos podríamos practicar y que consistía en 'ver' que el dinero le llegaba de todas partes. Sentíamos que el dinero la inundaba desde todos los rincones, hasta que ella se encontraba en medio de un 'mar' de dinero, pero lo hacíamos siempre con el sentimiento de 'Alegría' para todos los implicados y no pensábamos en los medios, sólo en la felicidad de todos.

"La idea pareció prender en ella y sé que fue la responsable de lo que ocurrió unos días después. Volvió a ser la persona alegre y segura de sí misma que era natural en ella, aunque no había pruebas de que entrara dinero de verdad en aquel momento. Me marché para volver a mi casa en el Este.

"Cuando llegué a casa llamé a mi madre (una encantadora joven de noventa y un años) que inmediatamente me pidió que fuera a verla. Yo quería un día de descanso, pero ella no podía esperar; tenía que ser ahora. Por supuesto que fui y, después de saludarme, me entregó un cheque de tres mil dólares a nombre de mi hija. Antes de que pudiera hablar, me entregó otros tres cheques por un total de mil quinientos dólares a favor de los hijos de mi hija. ¿El motivo? Me explicó que el día anterior había decidido repentinamente dar lo que tenía en metálico a sus seres queridos, ¡mientras aún estaba "aquí" para saber de su felicidad al recibirlo!

"¿Habría ocurrido de todos modos? No, así no. No a los pocos días de la frenética necesidad de mi hija y su repentina transformación en un estado de alegría. Sé que su acto imaginal causó este maravilloso cambio, trayendo no sólo gran alegría al receptor, sino también al dador."

"P.D. ... Casi se me olvida añadir que entre los cheques tan generosamente entregados, había uno para mí también, ¡de tres mil dólares!".

M.B.

Las oportunidades ilimitadas que se abren al reconocer el cambio del enfoque de la imaginación son inconmensurables. No hay límites. El drama de la vida es una actividad imaginaria que realizamos mediante nuestros estados de ánimo, más que mediante nuestros actos físicos. Los estados de ánimo guían tan hábilmente a todos hacia aquello que afirman, que puede decirse que crean las circunstancias de la vida y dictan los acontecimientos. El estado de ánimo del deseo cumplido es la marea alta que nos levanta fácilmente de la barra de los sentidos, donde solemos quedarnos varados. Si somos conscientes del estado de ánimo y conocemos este secreto de la imaginación, podemos anunciar que todo lo que afirma nuestro estado de ánimo se hará realidad.

La siguiente historia es la de una madre que consiguió mantener un estado de ánimo aparentemente "juguetón" con resultados sorprendentes.

"Seguro que ha oído el "cuento de viejas" sobre las verrugas: ¿Que, si se compra una verruga, desaparecerá? Conozco esta historia desde la infancia, pero hasta que no escuché sus conferencias no me di cuenta de la verdad que escondía el viejo cuento. Mi hijo, un chaval de diez años, tenía muchas verrugas grandes y feas en las piernas que le causaban una irritación que le había atormentado durante años. Decidí que mi repentina "perspicacia" podía serle útil. Por regla general, un niño tiene mucha fe en su madre, así que le pregunté si quería librarse de sus verrugas. Me contestó rápidamente que sí, pero que no quería ir al médico. Le pedí que jugara conmigo a que le pagaría una cantidad de dinero por cada verruga. Le pareció bien; dijo que no veía cómo podía perder. Llegamos a un precio justo, pensó, y entonces le dije: "Ahora, te estoy pagando un buen dinero por esas verrugas; ya no te pertenecen. Nunca te quedas con una propiedad ajena, así que ya no puedes quedarte con esas verrugas. Desaparecerán. Puede tardar un día, dos días o un mes; pero recuerda que las he comprado y me pertenecen'.

"Mi hijo estaba encantado con nuestro juego y los resultados parecían leídos en viejos y mohosos libros de magia. Pero, créanme, en diez días las verrugas empezaron a desvanecerse y, al cabo de un mes, ¡todas las verrugas de su cuerpo habían desaparecido por completo!

"Esta historia tiene su continuación, porque he comprado verrugas a mucha gente. A ellos también les pareció muy divertido y aceptaron mis cinco, siete o diez céntimos por verruga. En todos los casos la verruga desapareció, pero en realidad sólo una persona me cree cuando le digo que su imaginación, por sí sola, le quitó las verrugas. Esa única persona es mi hijo pequeño".

J.R.

El hombre que se imagina a sí mismo en un estado de ánimo toma sobre sí los resultados del estado de ánimo. Si no se imagina a sí mismo en el estado de ánimo, siempre está libre del resultado. El gran místico irlandés, A.E., escribió en "La Vela de la Visión": "Me di cuenta de un rápido eco o respuesta a mis propios estados de ánimo en circunstancias que hasta entonces habían parecido inmutables en su indiferencia... Podía profetizar, a partir del surgimiento de nuevos estados de ánimo en mí mismo, que yo, sin buscarlo, pronto me encontraría con personas de un cierto carácter, y así me encontré con ellas. Incluso las cosas inanimadas estaban bajo el influjo de estas afinidades". Pero el hombre no necesita esperar el surgimiento de nuevos estados de ánimo en sí mismo; puede crear estados de ánimo felices a voluntad.

PREGUNTAS Y RESPUESTAS PARA LA REFLEXIÓN

1. ¿Cómo describe Neville la relación entre los estados de ánimo y las condiciones de vida?

- **Respuesta:** Neville sugiere que los estados de ánimo son tanto la causa como el efecto de nuestras circunstancias. Desafía la creencia común de que los estados de ánimo son meras reacciones a acontecimientos de la vida, afirmando que el estado emocional que adoptamos puede moldear activamente nuestras experiencias y resultados.

-

2. ¿Cuál es el significado de la frase "¿No es maravilloso?" en la historia compartida por TK?

- **Respuesta:** La frase "¿No es maravilloso?" representa una forma sencilla pero poderosa de alinearse con el sentimiento del deseo cumplido. Al repetirlo cada noche, TK pudo cultivar un estado de ánimo constante de alegría y expectativa, lo que finalmente trajo un apoyo financiero inesperado. Esta frase encarna la esencia de asumir un estado emocional positivo para manifestar los resultados deseados.

-

3. ¿Qué papel tiene la "alegría" en la manifestación de los resultados deseados, como se ilustra en la historia de la madre y las verrugas de su hijo?

- **Respuesta:** La alegría puede ayudar a superar el escepticismo lógico, permitiendo que tanto los adultos como los niños utilicen su imaginación sin resistencia. En la historia, el enfoque lúdico de la madre (comprar las verrugas de su hijo) le permitió liberar cualquier apego a ellas, lo que llevó a su desaparición. Esta historia enfatiza el poder de la imaginación combinado con una actitud abierta y alegre.

-

4. ¿Cómo puede uno ayudar a superar obstáculos físicos o prácticos adoptando el estado de ánimo del deseo cumplido?

- **Respuesta:** Según Neville, los estados de ánimo trascienden las limitaciones físicas al establecer un tono interno que se alinea con los resultados deseados. Cuando uno consistentemente parece que el deseo ya se ha cumplido, este estado de ánimo se convierte en la "marea alta" que puede elevarlo por encima de obstáculos aparentes, atrayendo en última instancia los eventos y recursos correspondientes.

-

5. ¿Cómo desafía la interpretación de Neville del "estado de ánimo" los puntos de vista tradicionales sobre las emociones y las circunstancias?

- **Respuesta:** Las opiniones tradicionales suelen sostener que las emociones son respuestas a acontecimientos externos. Neville, sin embargo, sostiene que las emociones, en particular los estados de ánimo sostenidos, son fuerzas creativas que dan forma a las experiencias de la vida. Este punto de vista implica que los individuos tienen más control sobre sus circunstancias al elegir y mantener estados de ánimo que se alinean con sus deseos.

-

6. ¿Qué quiere decir Neville cuando dice: "El hombre que se imagina a sí mismo en un estado de ánimo asume los resultados del estado de ánimo"?

- **Respuesta:** Neville quiere decir que al elegir imaginar y encarnar un estado emocional particular, una persona experimentará resultados que corresponden a ese estado de ánimo. Por ejemplo, si alguien se imagina sintiéndose próspero, atraerá experiencias de prosperidad, ya que su estado de ánimo interior armoniza con tales resultados.

-

7. ¿De qué manera se puede utilizar el enfoque de Neville sobre el estado de ánimo y la imaginación como herramienta para la transformación personal?

- **Respuesta:** Al adoptar conscientemente estados de ánimo que se alinean con los objetivos deseados, los individuos pueden reprogramar su entorno emocional interno, lo que a su vez influye en su mundo externo. El enfoque de Neville fomenta el uso de la imaginación no sólo para visualizar objetivos sino también para sentir que ya se han logrado, facilitando una transformación interna que atrae resultados positivos.

-

8. ¿Cómo se relaciona el consejo de Neville en este capítulo con el concepto de "milagros" y "asunción" en las enseñanzas espirituales y religiosas?

- Respuesta: El consejo de Neville de "asumir la virtud" resuena con enseñanzas espirituales que fomentan la fe en resultados invisibles. Al actuar "como si" su deseo ya se hubiera cumplido, los individuos se alinean con la creencia de que los milagros son posibles, cerrando así la brecha entre la creencia y la realidad a través de estados de ánimo sostenidos e intencionales.

CAPÍTULO OCHO
A TRAVÉS DEL ESPEJO

*"El hombre que mira el cristal, puede detener su mirada en él;
O si lo desea, pasar a través de ella,
Y entonces el cielo espie."*
GEORGE HERBERT

Los objetos, para ser percibidos, deben penetrar primero de algún modo en nuestro cerebro; pero no estamos -por ello- interconectados con nuestro entorno. Aunque la conciencia normal se centra en los sentidos y suele restringirse a ellos, es posible que el hombre pase a través de su fijación sensorial a cualquier estructura imaginal que conciba y la ocupe tan plenamente que esté más viva y sea más receptiva que aquello en lo que sus sentidos "detienen su mirada." Si esto no fuera cierto, el hombre sería un autómata reflejando la vida, sin afectarla nunca. El hombre, que es todo Imaginación, no es inquilino del cerebro sino terrateniente; no tiene por qué contentarse con la apariencia de las cosas; puede ir más allá de la conciencia perceptiva para llegar a la conciencia conceptual.

Esta capacidad de atravesar la estructura mecánica reflexiva de los sentidos es el descubrimiento más importante que puede hacer el hombre. Revela al hombre como un centro de imaginación con poderes de intervención que le permiten alterar el curso de los acontecimientos observados yendo de éxito en éxito a través de una serie de transformaciones mentales en sí mismo. La atención, punta de lanza de la imaginación, puede ser atraída desde el exterior, ya que sus sentidos "no le quitan ojo", o dirigida desde el interior "si le place" y, a través de los sentidos, pasar al deseo cumplido.

Para pasar de la conciencia perceptiva, o de las cosas como parecen, a la conciencia conceptual, o de las cosas como deberían ser, imaginamos una representación lo más vívida y realista posible de lo que veríamos, oiríamos y haríamos si estuviéramos físicamente presentes y experimentáramos físicamente las cosas como deberían ser y participáramos imaginariamente en esa escena.

La siguiente historia nos habla de una persona que atravesó "el cristal" y rompió las cadenas que la ataban.

"Hace dos años me llevaron al hospital con un grave problema de coágulos de sangre que, al parecer, había afectado a todo el sistema vascular, provocando el endurecimiento de las arterias y artritis. Un nervio de mi cabeza estaba dañado y mi tiroides agrandada. Los médicos no se ponían de acuerdo sobre la causa de esta afección y todos sus tratamientos eran completamente ineficaces. Me vi obligada a renunciar a todas mis actividades placenteras y a permanecer en cama la mayor parte del tiempo. Mi cuerpo, desde las caderas hasta los dedos de los pies, se sentía como encajonado y atado por alambres apretados, y no podía poner los pies en el suelo sin llevar unas pesadas medias elásticas hasta la cadera.

"Conocía algo de sus enseñanzas y me esforzaba por aplicar lo que había oído, pero a medida que mi estado empeoraba y ya no podía asistir a ninguna de sus conferencias, mi abatimiento se hacía más profundo. Un día, un amigo me envió una postal en la que se veía una hermosa playa junto al océano. La foto era tan bonita que la miré y la miré y empecé a recordar pasados días de verano a la orilla del mar con mis padres. Por un momento, la postal pareció animarse y los recuerdos de mí corriendo libre por la playa inundaron mi mente. Sentía el impacto de mis pies descalzos contra la arena dura y húmeda; sentía el agua helada correr sobre los dedos de mis pies y oía el estruendo de las olas rompiendo en la orilla. Esta actividad imaginal me resultaba tan satisfactoria mientras estaba tumbada en la cama que continué imaginando esta maravillosa escena, día tras día, durante aproximadamente una semana. "Una mañana me trasladé de la cama al sofá y empecé a sentarme cuando sentí un dolor tan insoportable que me paralizó todo el cuerpo. No podía ni sentarme ni acostarme. Este terrible dolor duró más de un minuto, pero cuando cesó, ¡estaba libre! Parecía como si me hubieran cortado todos los cables que me ataban las piernas. Un momento estaba atado y al siguiente libre. No por grados, sino instantáneamente".

V.H

"Caminamos por la fe, no por la vista".

2 COR. 5:7

Cuando andamos por vista, conocemos nuestro camino por los objetos
que ven nuestros ojos.

Cuando caminamos por fe ordenamos nuestra vida por escenas

y acciones que sólo la imaginación ve.

El hombre percibe por el Ojo de la Imaginación o por el Sentido. Pero son posibles dos actitudes mentales ante la percepción, el esfuerzo imaginativo creativo que encuentra una respuesta imaginativa, o la "permanencia del ojo" no imaginativa que se limita a reflejar.

El hombre tiene en su interior el principio de la vida y el principio de la muerte. Uno es la imaginación que construye sus estructuras imaginarias a partir de los sueños generosos de la fantasía. El otro es la imaginación que construye sus estructuras imaginarias a partir de imágenes reflejadas por el viento frío de los hechos. Una crea. La otra perpetúa. El hombre debe adoptar el camino de la fe o el de la vista. En la medida en que el hombre construye a partir de los sueños de la fantasía, está vivo; y, por lo tanto, el desarrollo de la facultad de atravesar el cristal reflectante de los sentidos es un aumento de la vida. De ello se deduce que restringir la imaginación "deteniendo el ojo" en el cristal reflectante de los sentidos es una reducción de la vida.

La superficie engañosa de los hechos refleja en lugar de revelar, desviando el "Ojo de la Imaginación" de la verdad que libera al hombre. El "ojo de la imaginación", si no se desvía, mira lo que debería estar ahí, no lo que es. Por muy familiar que sea la escena sobre la que se posa la vista, el "Ojo de la Imaginación" podría contemplar una nunca antes presenciada. Es este "Ojo de la Imaginación" y sólo éste el que puede liberarnos de la fijación sensorial de las cosas exteriores que domina por completo nuestra existencia ordinaria y nos mantiene mirando el cristal reflectante de los hechos.

Es posible pasar del pensar en al pensar desde; pero lo crucial es pensar desde, es decir, experimentar el estado, pues esa experiencia significa unificación; mientras que en el pensar desde siempre hay sujeto y objeto, el individuo pensante y la cosa pensada.

Abandono de uno mismo. Ese es el secreto. Tenemos que abandonarnos al estado, en nuestro amor por el estado, y al hacerlo vivir la vida del estado y no más nuestro estado actual. La imaginación se apodera de la vida del estado y se entrega a la expresión de la vida de ese estado.

Fe más Amor es autocompromiso. No podemos comprometernos con lo que no amamos. "Nunca hubieras hecho nada si no lo hubieras amado". Y para hacer vivo el estado, hay que convertirse en él. "Vivo yo, pero no yo, Dios vive en mí; y la vida que ahora vivo en la carne, la vivo por la fe de Dios, que me amó y se entregó a sí mismo por mí". Dios amó al hombre, su creado, y se hizo hombre en la fe de que este acto de autoencargo transformaría lo creado en creador.

Debemos ser "imitadores de Dios como hijos queridos" y comprometernos con lo que amamos, como Dios, que nos amó, se comprometió con nosotros. Debemos SER el estado para experimentar el estado.

El centro de la imaginación consciente se puede desplazar y lo que ahora son meros deseos -actividades imaginarias en clave baja- se pueden enfocar y penetrar. La entrada nos compromete con el estado. Las posibilidades de este desplazamiento del centro de la imaginación son sorprendentes. Las actividades en cuestión son psíquicas en su totalidad. El desplazamiento del centro de la imaginación no se produce por un viaje espacial, sino por un cambio en aquello de lo que somos conscientes. El límite del mundo de los sentidos es una barrera subjetiva. Mientras los sentidos se den cuenta, el Ojo de la Imaginación se desvía de la verdad. No llegaremos lejos si no nos dejamos llevar. Esta señora "se dejó ir" con resultados inmediatos y milagrosos.

"Gracias por la 'llave de oro'. Ha liberado a mi hermano del hospital, del dolor y de una muerte probable, pues se enfrentaba a una cuarta operación importante con pocas esperanzas de recuperación. Estaba muy preocupada e intentando utilizar lo que había aprendido sobre mi Imaginación, primero me pregunté qué deseaba realmente mi hermano: ¿Quiere seguir en este cuerpo o desea liberarse de él? La pregunta giraba una y otra vez en mi mente y, de repente, sentí que a él le gustaría seguir remodelando su cocina, algo que había estado contemplando antes de su reclusión en el hospital. Sabía que mi pregunta había sido respondida, así que empecé a imaginar a partir de ese punto.

"Intentando 'ver' a mi hermano en la ajetreada actividad de remodelación, de repente me encontré agarrada al respaldo de una silla de cocina que había utilizado muchas veces cuando 'algo' ocurría, y de repente me encontré de pie junto a la cama de mi hermano en el hospital. Era el último lugar en el que hubiera querido estar, física o mentalmente, pero allí estaba y la mano de mi hermano se alzó y me estrechó la mano con fuerza mientras le oía decir: "Sabía que vendrías, Jo". Fue una mano bien apretada, fuerte y segura, y la alegría que llenó y desbordó mi voz cuando me oí decir: 'Ya está todo mejor. Ya lo sabes'. Mi hermano no respondió, pero oí claramente una voz que me decía: "Recuerda este momento". Me pareció despertar entonces, de vuelta en mi propia casa.

"Esto ocurrió la noche siguiente a su ingreso en el hospital. Al día siguiente su mujer me telefoneó diciendo: '¡Es increíble! El médico no puede explicarlo, Jo, pero no es necesaria ninguna operación. Ha mejorado tanto que han acordado darle el alta mañana'. El lunes siguiente mi hermano volvió a su trabajo y desde ese día se encuentra perfectamente."

J.S.

No los hechos, sino los sueños de fantasía dan forma a nuestras vidas. No necesitó brújula para encontrar a su hermano, ni herramientas para operar, sólo el "Ojo de la Imaginación". En el mundo de los sentidos vemos lo que tenemos que ver; en el mundo de la Imaginación vemos lo que queremos ver; Y viéndolo, lo creamos para que lo vea el mundo de los sentidos. Vemos el mundo exterior automáticamente. Ver lo que queremos ver exige un esfuerzo imaginativo voluntario y consciente. Nuestro futuro es nuestra propia actividad imaginal en su marcha creativa. El sentido común nos asegura que vivimos en un mundo sólido y sensible, pero este mundo tan aparentemente sólido es, en realidad, imaginal hasta la médula.

La siguiente historia prueba que es posible para un individuo transferir el centro de la imaginación en mayor o menor grado a un área distante, y no sólo hacerlo sin moverse físicamente, sino ser visible para otros que están presentes en ese punto del espacio-tiempo. Y, si esto es un sueño, entonces,

"¿Es todo lo que vemos o parece
sino un sueño dentro de un sueño?"

"Sentado en mi salón de San Francisco, imaginé que estaba en el salón de mi hija en Londres, Inglaterra. Me rodeé tan completamente de esa habitación que conocía íntimamente, que de repente me encontré de pie en ella. Mi hija estaba de pie junto a la chimenea, con la cara vuelta. Un momento después se volvió y nuestros ojos se encontraron. Vi en su rostro una expresión tan asustada que yo también me alteré emocionalmente e inmediatamente me encontré de nuevo en el salón de mi casa en San Francisco.

"Cinco días más tarde recibí una carta de mi hija escrita el mismo día de mi experimento con el viaje imaginario. En su carta me decía que aquel día me había "visto" en el salón de su casa, tan real como si yo estuviera allí en persona. Me confesó que se había asustado mucho y que, antes de que pudiera hablar, yo había desaparecido. El momento de esta "visita", como ella lo dijo en su carta, fue exactamente el momento en que yo había comenzado la acción imaginativa, teniendo en cuenta, por supuesto, la diferencia de tiempo entre los dos puntos. Explicó que le contó a su marido esta experiencia asombrosa y que él insistió en que me escribiera inmediatamente, ya que afirmó: "Tu madre debe haber muerto o está muriendo". Pero no estaba 'muerta' ni 'moribunda', sino muy viva y muy emocionada por esta maravillosa experiencia."

M.L.J.

"Nada puede actuar sino donde está: con todo mi corazón; sólo que ¿dónde está?".

THOMAS CARLYLE

El hombre es todo Imaginación. Por lo tanto, un hombre debe estar donde está en la imaginación, porque su Imaginación es él mismo. La Imaginación está activa en y a través de cualquier estado del que sea consciente. Si tomamos en serio el cambio de conciencia, hay posibilidades más allá de lo creíble. Los sentidos unen al hombre en un matrimonio forzado e impío con lo que, si estuviera imaginativamente despierto, separaría. No necesitamos alimentarnos de los datos de los sentidos. Cambia el enfoque de la conciencia y mira lo que ocurre. Por poco que nos movamos mentalmente deberíamos percibir el mundo bajo un aspecto ligeramente cambiado. La conciencia suele desplazarse en el espacio por el movimiento del organismo físico, pero no tiene por qué estar tan restringida. Puede ser desplazada por un cambio en aquello de lo que somos conscientes.

El hombre manifiesta el poder de la Imaginación cuyos límites no puede definir. Darse cuenta de que el Yo Real -la Imaginación- no es algo encerrado dentro de los límites espaciales del cuerpo es lo más importante. La historia anterior demuestra que, cuando nos encontramos con una persona de carne y hueso, su Yo Real no tiene por qué estar presente en el espacio donde se encuentra su cuerpo. También demuestra que la percepción sensorial puede ponerse en funcionamiento fuera de los medios físicos normales, y que los datos sensoriales producidos son del mismo tipo que los que se producen en la percepción normal. La idea en la mente de la madre que puso en marcha todo el proceso fue la idea muy definida de estar en el lugar donde vivía su hija. Y si la madre estaba realmente en ese lugar, y si la hija estaba presente, entonces tendría que ser perceptible para su hija.

Sólo podemos esperar entender esta experiencia en términos imaginarios, y no en términos mecánicos o materialistas. La madre se imaginaba "en otro lugar" como si estuviera "aquí". Londres estaba tan "aquí" para su hija que vivía "allí" como San Francisco estaba "aquí" para la madre que vivía "allí".

Casi nunca se nos pasa por la cabeza que este mundo pueda ser diferente en esencia de lo que el sentido común nos dice que es tan obviamente. Blake escribe: "No cuestiono mi ojo corporal o vegetativo más de lo que cuestionaría una ventana con respecto a una vista. Miro a través de él y no con él". Este mirar a través del ojo no sólo desplaza la conciencia a otras partes de "este mundo", sino también a "otros mundos". Los astrónomos desearían conocer mejor este "mirar a través del ojo"; este viaje mental que los místicos practican con tanta facilidad.

"Viajé por una tierra de hombres,
Una tierra de hombres y mujeres también,
Y oí y vi cosas tan espantosas

Como los vagabundos de la fría tierra nunca conocieron".

El viaje mental ha sido practicado por hombres y mujeres despiertos desde los primeros días. Pablo afirma: "Conozco a un hombre en Cristo que hace catorce años fue arrebatado al tercer cielo; si en el cuerpo o fuera del cuerpo no lo sé, Dios lo sabe." 2.Cor.12: Pablo nos está diciendo que él es ese hombre y que viajó por el poder de la imaginación o de Cristo. En su siguiente carta a los Corintios escribe: "Poneos a prueba. ¿No os dais cuenta de que Jesucristo está en vosotros?". No necesitamos estar "muertos" para gozar de privilegios espirituales. "El hombre es todo imaginación y Dios es hombre". Poneos a prueba como hizo esta madre.

Sir Arthur Eddington dijo que todo lo que tenemos derecho a decir del mundo exterior es que es una "experiencia compartida". Las cosas son más o menos "reales" en la medida en que son susceptibles de ser compartidas con otros o con nosotros mismos en otro momento. Pero no hay una línea dura y rápida.

Aceptando la definición de Eddington de la realidad como "experiencia compartida", la historia anterior es tan "real" como la tierra o un color, ya que fue compartida tanto por la madre como por la hija. El alcance de la imaginación es tal que debo confesar que no sé qué límites tiene, si es que tiene alguno, su capacidad de crear realidad.

Todas estas historias nos muestran una cosa: que la actividad imaginal que implica el deseo cumplido debe comenzar en la imaginación, aparte de la evidencia de los sentidos, en ese Viaje que lleva a la realización del deseo.

PREGUNTAS Y RESPUESTAS PARA LA REFLEXIÓN

1. ¿Qué representa el "Ojo de la imaginación" y en qué se diferencia de nuestra vista física normal?

- **Respuesta:** El "Ojo de la Imaginación" representa nuestra capacidad interna de ver más allá de la realidad física y percibir las cosas como deseamos que sean, en lugar de como aparecen actualmente. A diferencia de la vista física, que refleja lo que ya está manifestado, el Ojo de la Imaginación mira el potencial, viendo no sólo lo que es sino también lo que podría ser. Al centrarnos en posibilidades imaginadas en lugar de realidades fijas, participamos en una visión creativa que da forma activamente a nuestra experiencia y futuro.

-

2. ¿Cuál es el significado de pasar de "pensar en" un estado a "pensar desde" un estado, según el texto?

- **Respuesta:** "Pensar en" un estado implica separación y simplemente observar o contemplar un deseo sin comprometerse realmente con él. Por el contrario, "pensar desde" un estado implica sumergirse completamente en el sentimiento y la realidad de tener o estar ya en ese estado. Este cambio conduce a una unificación con la experiencia deseada, haciéndola sentir real y viva. Al encarnar el estado en lugar de simplemente observarlo, uno alinea su conciencia con el cumplimiento del deseo, lo que puede llevarlo a la manifestación.

3. ¿Cómo influye el abandono de uno mismo en la manifestación de deseos a través de la imaginación?

- **Respuesta:** El autoabandono es el acto de liberar el apego al estado actual y entregarse completamente al estado que uno desea experimentar. Esto requiere una especie de fe y de amor por el estado deseado, permitiéndose habitarlo completamente e imaginativamente. Cuando dejamos de lado nuestras limitaciones actuales y "nos convertimos" en el estado que deseamos, sentamos las bases para que se vuelva real en nuestras vidas. En esencia, el autoabandono permite que la imaginación supere las circunstancias actuales, creando un puente hacia la realidad deseada.

4. ¿Cómo ilustra el poder de la imaginación la historia de la mujer que se recupera de una enfermedad?

- **Respuesta:** La mujer usó su imaginación para recordar vívidamente un momento de salud y libertad en la playa, involucrando todos sus sentidos para darle vida a este recuerdo. Aunque estaba postrada en cama y sufría dolor, su compromiso con esta escena imaginada cambió su realidad interior. Finalmente, experimentó una recuperación física instantánea, como si se hubiera liberado de cadenas invisibles. Esta historia ilustra cómo la imaginación, cuando se la utiliza de manera sincera y persistente, puede superar las condiciones físicas y crear cambios profundos en la vida.

5. Según Neville, ¿cuál es la relación entre la imaginación y las experiencias compartidas en la realidad?

- **Respuesta:** Neville sugiere que las experiencias compartidas (aquellas perceptibles por otros) tienden a solidificarse en lo que llamamos realidad. Por ejemplo, la historia de la mujer que "visita" a su hija en Londres ilustra cómo la imaginación puede producir acontecimientos que son tan vívidamente reales que se comparten con los demás. Este concepto implica que la realidad de una experiencia no depende únicamente de la presencia física sino de la claridad y la intensidad de la imaginación, que puede crear una realidad perceptiva compartida por otros.

6. ¿Por qué es importante "dejar ir" en el proceso de imaginar, como se describe en el capítulo?

- **Respuesta:** "Dejar ir" es esencial porque permite al individuo ir más allá de las percepciones ligadas a los sentidos y entrar en un estado de creencia imaginativa pura. Al liberar el apego a cómo aparecen las cosas actualmente, uno puede sortear las limitaciones impuestas por la realidad física y abrazar el sentimiento del deseo cumplido. Este desapego es necesario para que la imaginación funcione libremente, permitiendo la creación de nuevas experiencias sin las restricciones del estado actual.

7. ¿Cómo redefine este capítulo el concepto de "realidad"?

- **Respuesta:** Este capítulo redefine la realidad como fluida y moldeada por la imaginación en lugar de como un estado fijo gobernado únicamente por los sentidos físicos. Neville sostiene que la realidad es más una "experiencia compartida" formada por actos de imaginación colectivos e individuales. En este sentido, la realidad no es una condición externa inmutable sino una experiencia adaptable que puede ser moldeada por nuestras visiones y creencias internas.

8. Reflexionando sobre el capítulo, ¿cuál es la "llave de oro" a la que hace referencia Neville y cómo pueden aplicarla los lectores?

- **Respuesta:** La "llave de oro" de la que habla Neville es el acto de imaginar desde un lugar de creencia en el cumplimiento del deseo. Implica verse y sentirse en estado de deseo cumplido, abriendo así la puerta a nuevas posibilidades en la realidad. Los lectores pueden aplicar esto cultivando escenas imaginativas vívidas y llenas de sentidos de sus deseos como si ya fueran reales y habitando constantemente esas escenas, dejando de lado las circunstancias actuales y abrazando la vida del estado deseado.

CAPÍTULO NUEVE
ENTRANDO

"Si el espectador entrara en estas imágenes
en su Imaginación, acercándose a ellas en el
Carruaje Ardiente de su Pensamiento Contemplativo,
si
pudiera... hacerse Amigo y Compañero de una
de estas Imágenes de maravilla, que siempre le
suplican
que deje las cosas mortales (como él debe saber)
entonces
se levantaría de su Tumba, entonces se encontraría
con
al Señor en el Aire y entonces sería feliz".
BLAKE

Parece que la imaginación no hará nada de lo que deseamos hasta que entremos en la imagen del deseo cumplido. ¿No se parece este entrar en la imagen del deseo cumplido al "Vacío fuera de la Existencia que, si se entra en él, se engloba y se convierte en un Vientre" de Blake? ¿No es ésta la verdadera interpretación de la historia mítica de Adán y Eva? ¿El hombre y su emanación? ¿No son los sueños de fantasía del hombre su Emanación, su Eva en la que "se planta en todos sus Nervios, igual que un Labrador en su molde; Y ella se convierte en su morada y jardín fructífero setenta veces"?

El secreto de la creación es el secreto de imaginar: primero, desear y luego asumir el sentimiento del deseo cumplido hasta que el sueño de la fantasía, "el Vacío fuera de la existencia", se adentra y "se engloba a sí mismo y se convierte en un útero, una morada y un jardín setenta veces fructífero". Nótese bien que Blake nos insta a entrar en estas imágenes. Esta entrada en la imagen hace que "se englobe y se convierta en un útero". El hombre, al entrar en un estado, lo impregna y hace que cree lo que la unión implica. Blake nos dice que estas imágenes son "Sombrías para quienes no habitan en ellas, meras posibilidades; pero para quienes entran en ellas parecen las únicas sustancias".

De camino a la Costa Oeste, me detuve en Chicago para pasar el día con unos amigos. Mi anfitrión se estaba recuperando de una grave enfermedad y su médico le aconsejó que se mudara a una casa de una sola planta. Siguiendo el consejo del médico, había comprado una casa de un piso adecuada a sus necesidades; pero ahora se enfrentaba al hecho de que no parecía haber comprador para su gran casa de tres pisos. Cuando llegué estaba muy desanimado. Al tratar de explicar la ley de la imaginación constructiva a mi anfitrión y a su esposa, les conté la historia de una mujer muy prominente de Nueva York que había venido a verme en relación con el alquiler de su apartamento. Tenía un bonito apartamento en la ciudad y una casa de campo, pero era absolutamente esencial que alquilara su apartamento si ella y su familia iban a pasar el verano en su casa de campo.

En años anteriores, el apartamento se había alquilado sin problemas a principios de primavera, pero en el momento en que vino a verme, la temporada de subarriendos de verano parecía haber terminado. Aunque el apartamento había estado en manos de buenos agentes inmobiliarios, nadie parecía interesado en alquilarlo. Le dije lo que tenía que hacer en su imaginación. Lo hizo y en menos de veinticuatro horas su apartamento estaba alquilado.

Le expliqué cómo ella, mediante el uso constructivo de su imaginación, había alquilado su apartamento. Siguiendo mi sugerencia, antes de irse a dormir esa noche en su apartamento de la ciudad, se imaginó que estaba tumbada en la cama de su casa de campo. En su imaginación, veía el mundo desde la casa de campo y no desde el apartamento de la ciudad. Olía el aire fresco del campo. Lo hizo tan real que se quedó dormida sintiendo que estaba en el campo. Eso fue un jueves por la noche. A las nueve de la mañana del sábado siguiente, me telefoneó desde su casa de campo y me dijo que el viernes un inquilino muy deseable, que cumplía todos sus requisitos, no sólo había alquilado su apartamento, sino que lo había hecho con la única condición de que podía mudarse ese mismo día.

Sugerí a mis amigos que construyeran una estructura imaginal como había hecho esta mujer, que consistía en dormir imaginando que estaban físicamente presentes en su nueva casa, sintiendo que habían vendido la antigua. Les expliqué la gran diferencia entre pensar en la imagen de su nueva casa, y pensar desde la imagen de su nueva casa. Pensar en ella es una confesión de que no están en ella; pensar desde ella es una prueba de que están en ella. Entrar en la imagen daría sustancia a la imagen. Su ocupación física de la nueva casa se produciría automáticamente.

Expliqué que el aspecto del mundo depende totalmente de dónde se encuentre el hombre cuando hace su observación. Y el hombre, siendo "Todo Imaginación", debe estar donde está en la imaginación. Este concepto de causalidad les molestó, porque olía a magia o superstición, pero prometieron que lo probarían. Salí aquella noche para California y a la noche siguiente el revisor del tren en que viajaba me entregó un telegrama. Decía: "Casa vendida la pasada medianoche". Una semana más tarde me escribieron y me contaron que la misma noche en que me fui de Chicago se quedaron dormidos físicamente en la vieja casa pero mentalmente en la nueva, viendo el mundo desde el nuevo hogar, imaginando cómo "sonarían" las cosas si esto fuera cierto. Esa misma noche se despertaron de su sueño para que les dijeran que la casa estaba vendida.

No es hasta que se entra en la imagen, hasta que se conoce a Eva, cuando el acontecimiento irrumpe en el mundo. El deseo cumplido debe concebirse en la imaginación del hombre antes de que el acontecimiento pueda surgir de lo que Blake llama "el Vacío".

La siguiente historia demuestra que, al cambiar el enfoque de su imaginación, la Sra. A.F. entró físicamente donde se había empeñado en estar imaginativamente. "Poco después de casarnos, mi marido y yo decidimos que nuestro mayor deseo conjunto era pasar un año en Europa. Este objetivo puede parecer razonable a mucha gente, pero a nosotros -atados a una esfera estrecha de finanzas limitadas- nos parecía no sólo poco razonable sino completamente ridículo. Europa bien podría haber sido otro planeta. Pero yo había oído sus enseñanzas, ¡así que persistí en quedarme dormido en Inglaterra! Por qué Inglaterra necesariamente, no puedo decirlo, excepto que había visto una película actual en la que aparecían los alrededores del Palacio de Buckingham y me había enamorado inmediatamente de la escena. Todo lo que hacía en mi imaginación era permanecer en silencio ante las grandes puertas de hierro y sentir los fríos barrotes metálicos agarrados con fuerza entre mis manos mientras contemplaba el Palacio.

"Durante muchas, muchas noches sentí una intensa alegría por 'estar' allí y me dormía en este feliz estado. Poco después, mi marido conoció en una fiesta a un desconocido que, en el plazo de un mes, fue decisivo para conseguirle una beca de enseñanza en una gran universidad. Imagínense mi emoción cuando me enteré de que la universidad estaba en Inglaterra. ¿Atado a una esfera estrecha? Al cabo de un mes estábamos cruzando el Atlántico y nuestras supuestas dificultades insuperables se desvanecieron como si nunca hubieran existido. Tuvimos nuestro año en Europa, uno de los más felices de mi vida".

M.F.

El aspecto del mundo depende enteramente de dónde se encuentre el hombre cuando hace sus observaciones. Y el hombre, siendo 'Todo Imaginación', debe estar donde está en la imaginación.

"La piedra que desecharon los constructores se ha convertido en la piedra angular". Esa piedra es la

Imaginación. Os doy a conocer este secreto y os dejo para que Actuéis o Reactuéis.

"Esta es la famosa piedra que todo lo convierte en oro;
Porque lo que Dios toca y
Dios toca y posee, no puede ser contado".

GEORGE HERBERT

"Mi casa es vieja pero es mía. Quería pintar el exterior y redecorar el interior, pero no tenía dinero para lograr ninguno de los dos objetivos. Usted nos dijo que 'viviéramos' como si nuestro deseo ya fuera una realidad, y eso empecé a hacer: imaginé mi vieja casa con una mano de pintura nueva, muebles nuevos, nueva decoración y todos los adornos. Caminé imaginariamente por las habitaciones recién decoradas. Caminé por el exterior admirando la pintura fresca; y, al final de mi acto imaginal, entregué al contratista un cheque por el pago total. Entraba fielmente en esta escena imaginal tantas veces como podía durante el día y cada noche antes de dormirme.

"Al cabo de dos semanas recibí una carta certificada de Lloyd's de Londres en la que me decían que había heredado siete mil dólares de una mujer a la que no conocía de nada. Conocía a su hermano desde hacía casi cuarenta años y le había prestado un pequeño servicio hacía quince años, cuando su hermano murió en nuestro país. Desde entonces no había vuelto a saber de ella.

"Ahora, aquí estaba el cheque por siete mil dólares, más que suficiente para cubrir el costo de la restauración de mi casa, además de muchas, muchas otras cosas que deseaba".

E.C.A.

"El que no se imagina en más fuertes y
mejores lineamientos, y en más fuerte y
mejor luz que su perecedero y mortal
ojo puede ver, no imagina en absoluto".
BLAKE

A menos que el individuo se imagine a sí mismo como otra persona, o en otro lugar, las condiciones y circunstancias actuales de su vida continuarán existiendo y sus problemas se repetirán, pues todos los acontecimientos se renuevan a partir de sus imágenes constantes. Por él fueron hechos; por él continúan siendo; y por él pueden dejar de ser.

El secreto de la causalidad está en las imágenes ensambladas, pero una advertencia: el ensamblaje debe tener sentido, debe implicar algo o no formará la actividad creadora: el Verbo.

PREGUNTAS Y RESPUESTAS PARA LA REFLEXIÓN

1. ¿Cuál es el significado de "entrar en la imagen del deseo cumplido"?

- **Respuesta:** Entrar en la imagen del deseo cumplido significa sumergirse en el sentimiento y la experiencia de haber alcanzado ya los propios deseos. Este concepto enfatiza la importancia de no solo visualizar una meta sino conectarse emocionalmente con ella como si ya fuera una realidad. Esto se alinea con la idea de que nuestras percepciones dan forma a nuestras experiencias y, al encarnar nuestros deseos, preparamos el escenario para que se manifiesten.

-

2. ¿Cómo se relaciona la noción de Blake del "Vacío fuera de la Existencia" con el proceso creativo?

- **Respuesta:** "El vacío fuera de la existencia" de Blake simboliza un espacio de potencial donde ocurren la imaginación y la creación. Al entrar en este vacío, los individuos pueden aprovechar sus poderes creativos, transformando deseos abstractos en realidades tangibles. Subraya la creencia de que la imaginación no es meramente pasiva sino una fuerza activa en la configuración de la vida.

-

3. ¿Qué papel juega la suposición en el proceso de manifestación descrito en el capítulo?

- **Respuesta:** La asunción es central para el proceso de manifestación; implica adoptar la creencia de que el resultado deseado ya se ha logrado. Al asumir el sentimiento del deseo cumplido, los individuos alinean su mentalidad con sus objetivos, creando un ambiente mental y emocional propicio para su realización. Este acto de suposición cierra la brecha entre la imaginación y la realidad.

-

4. ¿Por qué es importante diferenciar entre "pensar en" y "pensar desde" la imagen deseada?

- **Respuesta:** Pensar en la imagen deseada sugiere una separación de ella, indicando que aún no se encuentra en ese estado. Por el contrario, pensar a partir de la imagen implica un sentido de propiedad y presencia dentro de esa realidad. Esta distinción es crucial porque refleja la profundidad del compromiso con los propios deseos; la verdadera manifestación requiere una inmersión total en el estado deseado en lugar de simplemente reconocerlo.

-

5. ¿Cómo ilustra la historia de la Sra. AF los principios de la imaginación y la manifestación?

- **Respuesta:** La historia de la Sra. AF ejemplifica la eficacia de la imaginación para superar las limitaciones percibidas. Al imaginarse constantemente a sí misma en Inglaterra y sentir la alegría de esa experiencia, creó las circunstancias que hicieron posible el viaje. Su éxito demuestra que la práctica imaginativa persistente puede generar oportunidades y resultados inesperados, destacando el poder transformador de la creencia y la visualización.

-

6. ¿Qué advertencia hace el autor con respecto al ensamblaje de imágenes para la manifestación?

- **Respuesta:** El autor advierte que las imágenes deben tener significado y trascendencia; debe implicar un resultado o sentimiento claro. Sin esta conexión significativa, es posible que las imágenes no activen el proceso creativo. Esto sugiere que una inversión emocional genuina en los propios deseos es esencial para que se materialicen, lo que refuerza la idea de que la imaginación intencional y significativa es clave para una manifestación exitosa.

-

7. ¿De qué maneras se pueden aplicar los principios analizados en este capítulo a la vida diaria?

- **Respuesta:** Los principios se pueden aplicar practicando conscientemente la visualización y el compromiso emocional con los propios objetivos. Las personas pueden crear el hábito de imaginar en detalle los resultados deseados, sentir las emociones asociadas y reforzar sus creencias sobre su potencial para el éxito. Esta práctica se puede utilizar en diversos aspectos de la vida, como las aspiraciones profesionales, las relaciones personales y las metas financieras, y en última instancia, fomenta una mentalidad conducente a lograr los propios deseos.

CAPÍTULO DIEZ
COSAS QUE NO SE VEN

"... lo que se ve fue hecho de
cosas que no se ven".
HEB. 11:3

"La historia humana, con sus formas de gobierno,
sus revoluciones, sus guerras, y de hecho el
surgimiento y
y caída de las naciones, podría escribirse en
términos del surgimiento
y caída de las ideas implantadas en la mente de los
hombres".
HERBERT HOOVER

"El secreto de imaginar es el mayor de todos los
problemas a cuya solución aspira el místico.
aspira. El supremo poder, la suprema sabiduría, el
supremo
deleite yacen en la lejana solución de este misterio".
DOUGLAS FAWCETT

Negarse a reconocer el poder creador de la actividad imaginal invisible del hombre, es demasiado grande para ser discutido. El hombre, a través de su actividad imaginal, literalmente "llama a la existencia a las cosas que no existen". Por la actividad imaginal del hombre, todas las cosas son hechas, y sin tal actividad, "no fue hecho nada de lo que fue hecho".

Dicha actividad causal podría definirse como, un ensamblaje imaginal de imágenes, que al producirse, invariablemente tiene lugar algún acontecimiento físico. A nosotros nos corresponde ensamblar las imágenes del feliz desenlace y luego no interferir. No hay que forzar el acontecimiento, sino dejar que se produzca.

Si la imaginación es lo único que actúa, o está, en los seres existentes o en los hombres (como creía Blake) entonces nunca deberíamos estar seguros de que no fue alguna mujer pisando el lagar la que inició ese sutil cambio en la mente de los hombres.

Esta abuela pisa a diario el lagar por su pequeña nieta. Ella escribe:

"Esta es una de esas cosas que hacen que mi familia y mis amigos digan: 'no lo entendemos'. Kim tiene ahora dos años y medio. La cuidé durante un mes después de nacer y no volví a verla hasta hace un año, y entonces, sólo durante dos semanas. Sin embargo, durante este último año todos los días la he cogido en mi regazo -en mi imaginación- y la he abrazado y hablado con ella.

"En estos actos imaginarios repaso todas las cosas maravillosas de Kim: 'Dios crece a través de mí; Dios ama a través de mí', etc. Al principio, obtenía la respuesta de un niño muy pequeño. Cuando empezaba 'Dios crece a través de mí', ella respondía: 'Yo'. Ahora, cuando empiezo, ella completa la frase. Otra cosa que ha sucedido es que, a medida que han pasado los meses, cuando la llevo en mi imaginación a mi regazo, ella se ha hecho cada vez más grande y pesada.

"Kim ni siquiera ha visto una foto mía en este último año. Como mucho, sólo era un nombre para ella. Ahora, en algún momento del día, según me cuenta su familia, empieza a hablar de mí, sin hablar con nadie en particular. A veces dura una hora, o coge el teléfono y finge que llama. En su monólogo hay frases como: Mi Dee Dee me quiere. Mi Dee Dee siempre viene a verme todos los días".

"Aunque sé lo que he estado haciendo en mi imaginación, también a mí me ha hecho 'preguntarme mucho'".

D.B.

Todos los hombres y mujeres imaginativos están siempre lanzando encantamientos, y todos los hombres y mujeres pasivos, que no tienen una vida imaginativa poderosa, están continuamente pasando bajo el hechizo de su poder.

No hay forma en la naturaleza que no esté producida y sostenida por alguna actividad imaginal. Por lo tanto, cualquier cambio en la actividad imaginal debe dar lugar a un cambio correspondiente en la forma. Imaginar una imagen sustitutiva para un contenido no deseado o defectuoso es crearlo. Si tan sólo persistimos en nuestra actividad imaginal ideal y no dejamos que satisfacciones menores sean suficientes, nuestra será la victoria.

"Cuando leí en 'Tiempo de siembra y cosecha' la historia de la maestra de escuela que, a través de su imaginación, en la revisión diaria, transformó a una alumna delincuente en una chica encantadora, decidí 'hacer' algo con un chico joven en la escuela de mi marido.

"Contar todos los problemas que implicaba llevaría páginas, pues mi marido nunca había tenido un hijo tan difícil ni una situación parental tan dura. El chico era demasiado joven para ser expulsado, pero los profesores se negaban a tenerlo en sus clases. Para colmo, la madre y la abuela "acampaban" literalmente en el recinto escolar causando problemas a todo el mundo.

"Quería ayudar al niño, pero también quería ayudar a mi marido. Así que, cada noche, construía dos escenas en mi imaginación: una, 'veía' a un niño perfectamente normal y feliz; dos, 'oía' a mi marido decir: 'No puedo creerlo, cariño, pero ¿sabes que 'R' se comporta ahora como un niño normal y que es un paraíso no tener a esas dos mujeres cerca?

"Después de dos meses de persistir en mi juego imaginario, noche tras noche, mi marido llegó a casa y dijo: 'Es como el cielo alrededor de la escuela' -no exactamente las mismas palabras, pero lo suficientemente cerca para mí. La abuela se había involucrado en algo que la llevó fuera de la ciudad y la madre tuvo que acompañarla.

"Al mismo tiempo, un nuevo profesor había acogido el reto de 'R' y estaba progresando maravillosamente bien en todo lo que yo imaginaba para él".

G.B.

Es inútil sostener normas que no aplicamos. A diferencia de Portia, que dijo: "Puedo más fácilmente enseñar a veinte lo que es bueno hacer, que ser una de las veinte que siguen mis propias enseñanzas".

G. B. siguió sus propias enseñanzas. Es fatalmente fácil hacer de la aceptación de la fe imaginal un sustituto de vivir por ella.

" ... me ha enviado a vendar a los quebrantados de corazón,
a proclamar la libertad a los cautivos, y la
libertad a los cautivos y la apertura de la cárcel a los presos".

ISAÍAS 61:1

PREGUNTAS Y RESPUESTAS PARA LA REFLEXIÓN

1. ¿Qué significa la frase "cosas que no aparecen" en el contexto de la creación y la imaginación?

- **Respuesta:** La frase se refiere al potencial invisible y a las ideas que existen en el reino imaginal antes de manifestarse en el mundo físico. Sugiere que todos los resultados tangibles comienzan como pensamientos o imágenes en la mente, destacando el papel de la imaginación como precursora de la realidad. Esto se alinea con la creencia de que el proceso creativo comienza internamente antes de que pueda realizarse externamente.

-

2. ¿Cómo ilustra la historia de la abuela y su nieta el impacto de la actividad imaginal en las relaciones?

- **Respuesta:** Los actos imaginarios diarios de la abuela de abrazar y hablar con su nieta demuestran cómo la imaginación puede influir en las conexiones emocionales, incluso a través de la distancia física. Su participación constante en estas prácticas imaginales fomenta una sensación de familiaridad y amor, lo que sugiere que los efectos de la imaginación se extienden más allá de la presencia física inmediata y pueden moldear las percepciones y sentimientos de los demás.

-

3. ¿Qué sugiere el capítulo sobre la dinámica de poder entre individuos imaginativos y aquellos que carecen de una vida imaginativa poderosa?

- **Respuesta:** El capítulo indica que los individuos imaginativos pueden lanzar "encantamientos" que influyen en quienes los rodean, mientras que aquellos que carecen de una vida imaginativa fuerte pueden convertirse en receptores pasivos de estas influencias. Esto pone de relieve la idea de que la imaginación es una fuerza potencial que puede dar forma a las realidades, animando a los individuos a cultivar sus propios poderes imaginativos para tomar control de sus vidas en lugar de dejarse llevar por la imaginación de los demás.

-

4. ¿De qué manera vincula el autor la actividad imaginal con los cambios sociales y los acontecimientos históricos?

- **Respuesta:** El autor postula que el ascenso y la caída de gobiernos, revoluciones y naciones se remontan a ideas implantadas en la mente de los individuos. Esta conexión implica que la actividad imaginal colectiva da forma al curso de la historia, subrayando la importancia de la imaginación no sólo a nivel personal sino como fuerza impulsora detrás de la transformación social.

-

5. ¿Cómo funciona el concepto de "conjunto imaginal de imágenes" en el proceso de manifestación?

- **Respuesta:** Un "conjunto imaginal de imágenes" se refiere a la colección de pensamientos y sentimientos en los que los individuos se concentran para crear un resultado deseado. Este proceso implica ensamblar imágenes positivas y satisfactorias evitando interferencias, permitiendo que los escenarios imaginados se desarrollen de forma natural. Destaca la necesidad de claridad e intención en la imaginación para una manifestación exitosa.

-

6. ¿Qué lección se puede extraer de la historia de la maestra que transformó a un alumno delincuente a través de su imaginación?

- **Respuesta:** La lección enfatiza el poder transformador de la creencia y la visualización. Al imaginar constantemente al niño como un niño normal y feliz y al imaginar interacciones positivas, el maestro pudo influir significativamente en la situación. Esto ilustra que las imaginaciones positivas y persistentes pueden conducir a cambios tangibles en el comportamiento y las circunstancias, reforzando la idea de que los individuos pueden moldear activamente sus entornos a través de sus prácticas imaginales.

-

7. ¿Por qué es importante aplicar las normas de la fe imaginal en la vida cotidiana, según el autor?

- **Respuesta:** El autor subraya que no basta con creer en el poder de la imaginación; También hay que practicar y vivir activamente según estos principios. La aplicación de la fe imaginal en la vida cotidiana garantiza la coherencia y la integridad entre creencias y acciones. Esta alineación permite a los individuos crear las realidades deseadas de manera efectiva, en lugar de simplemente filosofar sobre el potencial de la imaginación sin ponerla en práctica.

-

8. ¿Cómo se pueden integrar las ideas de este capítulo en la rutina diaria?

- **Respuesta:** Los lectores pueden integrar estos conocimientos reservando tiempo para ejercicios imaginativos diarios, como visualizar los resultados deseados, afirmar creencias positivas e involucrarse emocionalmente con sus objetivos. Pueden crear escenas imaginales específicas relacionadas con sus aspiraciones, practicar la gratitud por lo que desean manifestar y reflexionar periódicamente sobre su progreso para reforzar su compromiso de utilizar la imaginación como herramienta de cambio.

CAPÍTULO ONCE
EL ALFARERO

"Levántate y baja a casa del alfarero, y allí
te haré oír mis palabras. Bajé, pues, a casa del
alfarero
casa del alfarero, y allí estaba él trabajando en su
torno. Y la vasija de barro que estaba haciendo se
se estropeó en la mano del alfarero, y la volvió a
trabajar en
en otra vasija, como mejor le pareció hacer al
alfarero".
JEREMÍAS 18:2-4

La palabra traducida Alfarero significa imaginación. De un material que otros habrían desechado por inútil, una imaginación despierta lo remodela como debe ser. "Oh Señor, tú eres nuestro padre, nosotros el barro, y tú nuestro alfarero; todos somos obra de tu mano". (Isaías 64:8)

Esta concepción de la creación como obra de la imaginación, y del Señor nuestro Padre como nuestra imaginación, nos llevará más lejos en el misterio de la creación que cualquier otra guía.

La única razón por la que la gente no cree en esta identidad de Dios y la imaginación humana es que no están dispuestos a asumir la responsabilidad de su espantoso mal uso de la imaginación. La Imaginación Divina ha descendido al nivel de la imaginación humana, para que la imaginación humana pueda ascender a la Imaginación Divina.

El Salmo 8 dice que el hombre fue hecho un poco más bajo que Dios, no un poco más bajo que los ángeles, como lo traduce erróneamente la versión King James. Los ángeles son las disposiciones emocionales del hombre y por lo tanto son sus siervos-y no sus superiores-como nos dice el autor de Hebreos. (Heb. 1:14.)

La imaginación es el Hombre Real y es uno con Dios.

La imaginación crea, conserva y transforma. La imaginación es radicalmente creadora cuando desaparece toda actividad imaginativa basada en la memoria.

La imaginación es conservadora cuando su actividad imaginal se alimenta de imágenes suministradas principalmente por la memoria. La imaginación es transformadora cuando varía un tema ya existente; cuando altera mentalmente un hecho de la vida; cuando deja el hecho fuera de la experiencia recordada o pone algo en su lugar si perturba la armonía que desea.

Gracias a su imaginación, esta joven artista de talento ha hecho realidad su sueño.

"Desde que entré en el campo del arte he disfrutado haciendo bocetos y pinturas para habitaciones infantiles. Sin embargo, asesores y amigos con mucha más experiencia que yo en este campo me han desanimado. Les gustaba mi trabajo, admiraban mi talento, pero decían que no obtendría reconocimiento ni me pagarían por este tipo de trabajo.

"De alguna manera, siempre sentí que lo conseguiría, pero ¿cómo? Entonces, el otoño pasado escuché sus conferencias y leí sus libros y decidí dejar que mi imaginación creara la realidad que deseaba. Esto es lo que hacía a diario: Imaginé que estaba en una galería -había una gran expectación en torno a mí-, en las paredes colgaba mi "arte" -sólo mío (una exposición individual)- y vi estrellas rojas en muchos de los cuadros. Esto indicaría que se habían vendido.

"Esto es lo que pasó: Justo antes de Navidad hice un móvil para una amiga que, a su vez, se lo enseñó a una amiga suya que tiene una tienda de importación de arte en Pasadena. Expresó su deseo de conocerme, así que le llevé algunas muestras de mi trabajo. Cuando vio el primer cuadro, dijo que le gustaría presentarme una exposición individual en primavera.

"La noche de la inauguración, el 17 de abril, vino un decorador de interiores al que le gusté y me encargó un collage para la habitación de un niño, que aparecerá en el número de septiembre de Good Housekeeping para la Casa del Año de 1961.

Más tarde, durante la exposición, otro decorador se acercó y admiró tanto mi trabajo que me preguntó si podía organizarme un encuentro con los decoradores de interiores "adecuados" y los propietarios de galerías "adecuados" que comprarían y expondrían mi obra como es debido. Por cierto, la exposición fue un éxito económico tanto para el propietario de la galería como para mí.

"Lo interesante de todo esto es que, aparentemente, estos tres hombres vinieron a mí 'de la nada'. Ciertamente, no hice ningún esfuerzo durante el tiempo de mi 'imaginación' para contactar con nadie; pero, ahora, estoy obteniendo reconocimiento y tengo un mercado para mi trabajo. Y, ahora, sé sin sombra de duda que no hay 'no' cuando aplicas seriamente este principio de que 'imaginar crea realidad'".

G.L.

Puso a prueba al Alfarero y comprobó su creatividad en el rendimiento. Sólo una mente indolente no estaría a la altura de este desafío. Pablo afirma: "el espíritu de Dios habita en vosotros", ahora: "Examinaos a vosotros mismos para ver si os mantenéis firmes en la fe. Examinaos a vosotros mismos. ¿No os dais cuenta de que Jesucristo está en vosotros? A menos que no paséis la prueba. Espero que descubráis que no hemos fallado". (2.Cor:13.5-6)

Si "todas las cosas por él fueron hechas, y sin él nada de lo que ha sido hecho, fue hecho", no debería ser difícil para el hombre ponerse a prueba a sí mismo para descubrir quién es este creador en sí mismo. La prueba demostrará al hombre que su imaginación es la de Aquel "que da vida a los muertos y llama a la existencia las cosas que no existen." (Rom:4.17)

La presencia del Alfarero en nosotros se infiere de lo que Él hace allí. No podemos verlo allí como alguien que no somos nosotros mismos. La naturaleza del Alfarero -Jesucristo- es crear y no hay creación sin Él.

Cada historia registrada en este libro es justamente una prueba como la que Pablo pidió a los corintios que hicieran. Dios existe real y verdaderamente en el hombre, en cada ser humano. Dios se convierte totalmente en nosotros. No es nuestra virtud, sino nuestro verdadero yo, nuestra imaginación.

Las siguientes ilustraciones del mundo mineral pueden ayudarnos a ver cómo la Imaginación Suprema y la Imaginación Humana pueden ser un mismo poder y, sin embargo, ser enormemente diferentes en su creatividad. El diamante es el mineral más duro del mundo. El grafito, utilizado en los lápices de plomo, es uno de los más blandos. Sin embargo, ambos minerales son carbono puro. Se cree que la gran diferencia en las propiedades de las dos formas de carbono se debe a una disposición diferente de los átomos de carbono. Pero tanto si la diferencia se debe a una disposición diferente de los átomos de carbono como si no, todos están de acuerdo en que el diamante y el grafito son una sola sustancia, carbono puro.

El propósito de la vida es la realización creativa del deseo. El hombre, carente de deseo, no podría existir eficientemente en un mundo de problemas continuos que requieren soluciones continuas. Un deseo es la conciencia de algo que nos falta o que necesitamos para disfrutar más de la vida. Los deseos siempre conllevan algún beneficio personal. Cuanto mayor es el beneficio esperado, más intenso es el deseo. No existe ningún deseo realmente desinteresado. Incluso cuando nuestro deseo es para otro, seguimos buscando gratificar el deseo. Para alcanzar nuestro deseo debemos imaginar escenas que impliquen su realización, y representar la escena en nuestra imaginación, aunque sólo sea momentáneamente, con una alegría suficientemente sentida dentro de sus límites como para que resulte natural. Es como un niño que se disfraza y juega a la "Reina". Debemos imaginar que somos lo que nos gustaría ser. Primero debemos interpretarlo imaginariamente, no como espectadores, sino como actores.

Esta señora interpretó imaginariamente a la "Reina" estando donde quería estar en su imaginación. Ella era la verdadera actriz de este teatro.

"Mi deseo era asistir a una representación matinal de un famoso pantomimo que se representaba en uno de los teatros más grandes de nuestra ciudad. Debido a la naturaleza íntima de este arte, quería sentarme en la orquesta; pero no tenía ni siquiera el precio de una entrada de palco. La noche que me propuse tener este placer para mí, en mi imaginación, me quedé dormido mirando al portentoso intérprete. En mi acto imaginario, me senté en un asiento del centro de la orquesta, oí los aplausos cuando se levantó el telón y el artista salió al escenario, y sentí realmente la intensa emoción de esta experiencia.

"Al día siguiente, el día de la función matinal, mi situación económica no había cambiado. Tenía exactamente un dólar y treinta y siete céntimos en el bolso. Sabía que debía usar el dólar para comprar gasolina para mi coche, lo que me dejaría con treinta y siete céntimos, pero también sabía que había dormido fielmente con la sensación de estar en aquella representación, así que me vestí para ir al teatro. Mientras cambiaba artículos de un bolso a otro, encontré un billete de un dólar y cuarenta y cinco céntimos de cambio escondidos en el bolsillo de mi bolso de la ópera, que rara vez utilizaba. Sonreí para mis adentros, dándome cuenta de que el dinero de la gasolina me lo habían dado a mí; lo mismo me ocurriría con el saldo de mi entrada para el teatro. Terminé de vestirme alegremente y salí para el teatro.

"De pie ante la taquilla, mi confianza disminuyó cuando miré los precios y vi tres setenta y cinco por los asientos de la orquesta. Con un sentimiento de consternación me di la vuelta rápidamente y crucé la calle hasta un café para tomar una taza de té. Había gastado dieciséis céntimos en mi té antes de recordar que había visto el precio de los asientos de palco en la lista de la taquilla. Me apresuré a contar el cambio y descubrí que me quedaba un dólar y sesenta y seis céntimos. Volví corriendo al teatro y compré la butaca más barata, que costaba un dólar y cincuenta y cinco céntimos. Con los diez céntimos que me quedaban en el monedero, pasé por la entrada y el acomodador partió mi entrada por la mitad diciendo: "Arriba, a la izquierda, por favor". La representación estaba a punto de empezar, pero haciendo caso omiso de las instrucciones del acomodador, entré en el aseo de señoras de la planta principal. Aún decidida a sentarme en la sección de la orquesta, me senté, cerré los ojos y mantuve mi "vista" interior clavada en el escenario desde la dirección de la orquesta. En ese momento, un grupo de mujeres entró en el aseo, todas hablando a la vez, pero sólo oí una conversación: una mujer que hablaba con su compañera decía: "Pero esperé y esperé hasta el último momento. Entonces llamó y me dijo que no podía venir. Le habría regalado el billete, pero ya es demasiado tarde. Sin darme cuenta, le di al acomodador las dos entradas y las partió por la mitad antes de que pudiera detenerle'. Casi me río a carcajadas. Me levanté, me acerqué a la señora y le pregunté si podía usar la entrada que le sobraba, en lugar de la butaca del palco que yo había comprado. Era encantadora y me invitó amablemente a unirme a su fiesta. La entrada que me dio era para la sección de orquesta, en el centro, a seis filas del escenario. Me senté en ese asiento sólo unos instantes antes de que se levantara el telón de una representación que había presenciado la noche anterior desde ese asiento... en mi imaginación".

J.R.

Hay que SER, en la imaginación. Una cosa es pensar en el final y otra cosa es pensar desde el final. Pensar desde el fin; promulgar el fin, es crear la realidad. Las acciones interiores deben corresponder a las acciones que realizaríamos físicamente "después de que estas cosas debieran ser".

Para vivir sabiamente debemos ser conscientes de nuestra actividad imaginal, y asegurarnos de que está dando forma fielmente al fin que deseamos. El mundo es arcilla; nuestra imaginación es el alfarero. Debemos imaginar siempre fines que tengan valor o prometan bien.

"Quien desea pero no actúa engendra pestilencia".

Lo que se hace fluye de lo que se imagina. Las formas exteriores revelan las imaginaciones del Hombre.

"El hombre es la lanzadera, a cuya sinuosa búsqueda
y paso por estos telares Dios
ordenó el movimiento, pero no el descanso".

"Dirijo una pequeña empresa, de propiedad exclusiva, y hace unos años parecía que mi aventura acabaría en fracaso. Durante algunos meses, las ventas no habían dejado de bajar y me encontré en un 'aprieto' financiero, junto con otros miles de pequeños empresarios, ya que ese periodo coincidió con una de las pequeñas recesiones de nuestro país. Estaba muy endeudado y necesitaba al menos tres mil dólares casi de inmediato. Mis auditores me aconsejaron que cerrara e intentara salvar lo que pudiera. En lugar de eso, recurrí a mi imaginación. Conocía sus enseñanzas, pero en realidad nunca había intentado resolver ningún problema de esta manera. Era francamente escéptico con respecto a la idea de que la imaginación pueda crear la realidad, pero también estaba desesperado; y la desesperación me obligó a poner a prueba sus enseñanzas.

"Imaginé que mi oficina recibía inesperadamente cuatro mil dólares en remesas pendientes de pago. Este dinero tendría que provenir de nuevos pedidos, ya que mis cuentas por cobrar eran prácticamente inexistentes, pero esto parecía inverosímil, ya que no había recibido esta cantidad en ventas durante los últimos cuatro meses o más. A pesar de todo, durante tres días mantuve ante mí la imagen imaginaria de recibir esa cantidad de dinero. A primera hora de la mañana del cuarto día, un cliente del que hacía meses que no tenía noticias me llamó por teléfono para pedirme que fuera a verle personalmente. Debía llevarle un presupuesto que le había hecho anteriormente sobre la maquinaria que necesitaba su fábrica. El presupuesto era de hacía meses, pero lo saqué de mis archivos y no tardé en llegar a su oficina aquel mismo día. Redacté el pedido, que él firmó, pero no vi ninguna ayuda inmediata para mí en la transacción, ya que el equipo que quería tardaría de cuatro a seis meses en llegar a la fábrica y, por supuesto, mi cliente no tenía que pagarlo hasta que se lo entregaran.

"Le di las gracias por el pedido y me levanté para marcharme. Me detuvo en la puerta y me entregó un cheque por algo más de cuatro mil dólares, diciendo: 'Quiero pagar la mercancía ahora, por adelantado -por motivos fiscales, ya sabe. ¿No le importa? No, no me importaba. Me di cuenta de lo que había sucedido en el momento en que tomé ese cheque en mis manos. En tres días, mi acto imaginario había hecho por mí lo que no había sido capaz de hacer en meses de desesperada confusión financiera. Ahora sé que la imaginación podría haber aportado cuarenta mil dólares a mi negocio con la misma facilidad que cuatro mil."

L.N.C.

"Oh Señor, tú eres nuestro Padre; nosotros somos el barro, y
tú eres nuestro alfarero; todos somos obra de tu mano".

PREGUNTAS Y RESPUESTAS PARA LA REFLEXIÓN

1. ¿Qué simboliza la metáfora del alfarero en tu comprensión de la imaginación y la creatividad?

- **Respuesta:** La metáfora del alfarero representa la idea de que somos los creadores de nuestra realidad a través de nuestra imaginación. Así como un alfarero da diversas formas a la arcilla, nosotros tenemos el poder de remodelar nuestras experiencias y resultados imaginando las realidades que deseamos. Esto sugiere que nuestros pensamientos y creencias pueden manifestar cambios tangibles en nuestras vidas.

-

2. ¿Cómo pueden las historias de las personas del capítulo inspirarte a usar tu imaginación de manera más efectiva?

- **Respuesta:** Las historias ilustran que los actos imaginativos pueden conducir a cambios significativos en la vida de uno, ya sea en las relaciones personales, las carreras o la identidad propia. Me inspiran a involucrar activamente mi imaginación, no simplemente como un observador pasivo sino como un participante activo en la creación de los resultados deseados. Esto fomenta un cambio de perspectiva hacia ver los desafíos como oportunidades para la resolución imaginativa de problemas.

-

3. ¿De qué manera has experimentado el poder de la imaginación en tu propia vida?

- **Respuesta:** He experimentado el poder de la imaginación de varias maneras, como visualizando mis metas y aspiraciones, lo que me ha llevado a una mayor motivación y claridad para perseguirlas. Además, recordar recuerdos positivos e imaginar éxitos futuros me ha ayudado a afrontar situaciones difíciles y mantener una perspectiva esperanzadora. Reflexionar sobre estos casos refuerza la idea de que la imaginación puede influir significativamente en la realidad.

-

4. ¿Cuáles son algunos de los "contenidos no deseados o defectuosos" de tu vida que deseas transformar a través de tu imaginación?

- **Respuesta:** El contenido no deseado o defectuoso podría incluir creencias negativas en uno mismo, preocupaciones financieras o relaciones tensas. Al identificar estas áreas, puedo crear conscientemente escenarios alternativos positivos en mi imaginación, centrándome en lo que quiero lograr en lugar de en lo que quiero evitar. Este ejercicio enfatiza el poder transformador de una imaginación enfocada y persistente.

-

5. ¿Cómo puedes aplicar los principios analizados en este capítulo a tu vida diaria?

- **Respuesta:** Puedo aplicar estos principios incorporando prácticas imaginativas en mi rutina diaria, como visualizar resultados exitosos en diversas áreas de mi vida, afirmar creencias positivas y reflexionar regularmente sobre mis deseos. Llevar un diario para documentar mis ejercicios imaginativos y sus resultados también puede ayudar a realizar un seguimiento del progreso y reforzar la conexión entre la imaginación y la realidad.

-

6. ¿Qué papel crees que juega el deseo en el proceso de imaginar y crear tu realidad?

- **Respuesta:** El deseo sirve como fuerza impulsora detrás de nuestros actos imaginativos. Proporciona la motivación para imaginar y perseguir nuestros objetivos, actuando como catalizador del cambio. Comprender que nuestros deseos tienen sus raíces en necesidades y aspiraciones personales ayuda a aclarar nuestras intenciones y dirige nuestra imaginación hacia el cumplimiento de esos deseos y, en última instancia, da forma a nuestra realidad.

-

7. ¿Cómo desafía el concepto de que la imaginación es "el hombre real" los puntos de vista tradicionales sobre la identidad y el yo?

- **Respuesta:** Este concepto desafía los puntos de vista tradicionales al sugerir que nuestra verdadera esencia no reside en nuestras formas físicas o roles sociales sino en nuestra capacidad de imaginar y crear. Implica que no estamos limitados por nuestras circunstancias actuales; más bien, tenemos el potencial de redefinirnos a nosotros mismos a través de nuestro poder imaginativo. Este cambio fomenta una comprensión más profunda de uno mismo como una entidad dinámica y en evolución moldeada por nuestros pensamientos y creencias.

CAPÍTULO DOCE
ACTITUDES

*"Las Cosas Mentales son sólo Reales; lo que se llama
Corporal, Nadie Sabe de su Morada:
es una falacia, y su existencia una impostura.
¿Dónde está la existencia fuera de la mente o del pensamiento?
¿Dónde está sino en la Mente de un Tonto?"*
BLAKE

La memoria, aunque defectuosa, es adecuada a la llamada de la igualdad. Si recordamos a otro tal como lo hemos conocido, lo recreamos a esa imagen, y el pasado se reconocerá en el presente. Imaginar crea realidad. Si se puede mejorar, debemos reconstruirlo con nuevos contenidos; visualizarlo como nos gustaría que fuera, en lugar de que cargue con el peso de nuestro recuerdo de él. "Todo lo que se puede creer es una imagen de la verdad". La siguiente historia es de alguien que cree que imaginar crea realidad y actuar según esta creencia cambió su actitud hacia un desconocido y dio testimonio de este cambio en la realidad.

"Hace más de veinte años, cuando era un "verde" granjero recién llegado a Boston para asistir a la escuela, un "mendigo" me pidió dinero para comer. Aunque el dinero que tenía era lastimosamente insuficiente para mis necesidades, le di lo que tenía en el bolsillo. Unas horas más tarde, el mismo hombre, ya borracho y tambaleante, volvió a pararme para pedirme dinero. Me sentí tan indignado al pensar que el dinero que tan mal podía permitirme había sido empleado de ese modo, que me hice la solemne promesa de que nunca más escucharía las súplicas de un mendigo callejero. A lo largo de los años mantuve mi promesa, pero cada vez que rechazaba a alguien, me remordía la conciencia. Me sentía culpable hasta el punto de sentir un dolor agudo en el estómago, pero no conseguía doblegarme.

"A principios de este año, un hombre me paró mientras paseaba a mi perro y me pidió dinero para poder comer. Fiel a mi antigua promesa, se lo negué. Aceptó mi negativa con amabilidad. Incluso admiró a mi perro y habló de una familia que conocía en Nueva York que criaba cocker spaniels. Esta vez sí que me remordía la conciencia. Mientras él seguía su camino, yo decidí rehacer aquella escena como me hubiera gustado que fuera, así que me detuve allí mismo, en la calle, cerré los ojos sólo unos instantes y representé la escena de otra manera. En mi imaginación, el mismo hombre se me acercó, pero esta vez empezó la conversación admirando a mi perro. Después de hablar un momento, le dije: "No me gusta preguntarte esto, pero necesito comer algo. Tengo un trabajo que empieza mañana por la mañana, pero he estado sin trabajar y esta noche tengo hambre'. Entonces metí la mano en mi bolsillo imaginario, saqué un billete imaginario de cinco dólares y se lo di con mucho gusto. Este acto imaginario disolvió inmediatamente el sentimiento de culpa y el dolor.

"Sé por tus enseñanzas que un acto imaginal es un hecho, así que supe que podía conceder a cualquiera lo que me pidiera y, por la fe en el acto imaginal, consentir en la realidad de que lo tuviera.

"Cuatro meses después, mientras paseaba a mi perro, el mismo hombre se me acercó y comenzó la conversación admirando a mi perro. Es un perro precioso", me dijo. 'Joven, supongo que no se acuerda de mí, pero hace un tiempo le pedí algo de dinero y usted muy amablemente me dijo "no". Digo "amablemente", porque si me lo hubiera dado todavía estaría pidiéndole dinero. En lugar de eso, conseguí trabajo a la mañana siguiente, y ahora me mantengo en pie y he recuperado el respeto por mí mismo".

"Sabía que su trabajo era un hecho cuando lo imaginé aquella noche unos cuatro meses antes, ¡pero no negaré que fue una inmensa satisfacción que apareciera en carne y hueso para confirmármelo!".

F.B.

"No tengo plata ni oro, pero
os doy lo que tengo".

HECHOS 3:6

Ninguno debe ser descartado, todos deben ser salvados, y nuestra Imaginación remodelando la memoria es el proceso por el cual esta salvación se realiza. Condenar al hombre por haberse extraviado es castigar al ya castigado. "¿De quién me compadeceré si no me compadezco del pecador que se ha extraviado?". No lo que el hombre era, sino lo que puede llegar a ser, debe ser nuestra actividad imaginal.

"¿No recuerdas a la dulce Alice, Ben Bolt-
La dulce Alice cuyo pelo era tan castaño,

...que lloraba de alegría cuando le sonreías.,
y temblaba de miedo cuando fruncías el ceño?"

Si no lo imaginamos peor que él mismo, pasaría por excelente. No es el hombre en su mejor momento, sino el imaginista ejercitando el espíritu del perdón el que realiza el milagro. Imaginar con nuevo contenido transformó tanto al hombre que pedía como al que daba. La imaginación aún no ha tenido su merecido en los sistemas de los moralistas ni de los educadores. Cuando lo haga, se "abrirá la cárcel a los que están presos".

Nada tiene existencia para nosotros si no es a través del recuerdo que tenemos de ello, por lo tanto debemos recordarlo no como fue -a menos, por supuesto, que fuera del todo deseable- sino como deseamos que sea. En la medida en que la imaginación es creativa, nuestro recuerdo de otro lo favorece o lo obstaculiza, y hace que su camino ascendente o descendente sea más fácil y más rápido.

"No hay carbón de carácter tan muerto que no
que no brille y llame si se le da una ligera vuelta".

La siguiente historia muestra que imaginar puede hacer anillos, y maridos, y mover a la gente "¡a China!"

"Mi marido, hijo de un hogar desestructurado y criado por unos abuelos muy queridos, nunca estuvo 'cerca' de su madre... ni ella de él. Una mujer de sesenta y tres años, divorciada durante treinta y dos de ellos, estaba sola y amargada, y mi relación con ella era tensa mientras intentaba 'mantenerme en el medio'. Según ella misma admitía, su gran deseo era volver a casarse para tener compañía, pero lo creía imposible a su edad. Mi marido me decía a menudo que esperaba que se volviera a casar y, como él decía fervientemente, '¡quizá vivir lejos de la ciudad!

"Yo tenía el mismo deseo y, como decía, '¿quizás mudarme a China? Al desconfiar de mi motivo personal para este deseo, supe que debía cambiar mi sentimiento hacia ella en mi drama imaginal y, al mismo tiempo, 'darle' lo que quería. Empecé por verla en mi imaginación como una personalidad completamente cambiada: una mujer feliz y alegre, segura y contenta en una nueva relación. Cada vez que pensaba en ella, la veía mentalmente como una "nueva" mujer.

"Unas tres semanas más tarde, vino a nuestra casa de visita con un amigo que había conocido hacía muchos meses. El hombre se había quedado viudo hacía poco; tenía la edad de ella, gozaba de seguridad económica y tenía hijos y nietos adultos. Nos caía bien y yo estaba emocionada porque era evidente que se gustaban. Pero mi marido seguía pensando que "eso" era imposible. Yo no.

"Desde ese día, cada vez que su imagen surgía en mi mente, la 'veía' extendiendo su mano izquierda hacia mí; y admiraba el 'anillo' en su dedo. Un mes más tarde, ella y su amiga vinieron a visitarnos y, cuando me adelanté para saludarlas, extendió orgullosa su mano izquierda. El anillo estaba en su dedo.

"Dos semanas después se casó y no la hemos vuelto a ver. Vive en una casa nueva... 'muy lejos de la ciudad' y como a su nuevo marido no le gusta el largo trayecto hasta nuestra casa, ¡bien podría haberse 'mudado a China'!".

J.B.

Hay una gran diferencia entre la voluntad de resistirse a una actividad y la decisión de cambiarla. El que cambia una actividad actúa; mientras que el que se resiste a una actividad, vuelve a actuar. Uno crea; la otra perpetua.

Nada es real más allá de lo que imaginamos. La memoria, al igual que el deseo, se parece a una ensoñación. ¿Por qué convertirlo en una pesadilla? El hombre sólo puede perdonar si trata la memoria como una ensoñación y le da la forma que su corazón desea.

R. K. aprendió que podemos privar a los demás de sus capacidades con nuestra actitud hacia ellos. Cambió su actitud y con ello cambió un hecho.

"No soy un prestamista de dinero ni estoy en el negocio de la inversión como tal, pero un amigo y conocido de negocios vino a mí para un préstamo sustancial con el fin de ampliar su planta. Por amistad personal, le concedí el préstamo con tipos de interés razonables y le di a mi amigo el derecho de renovación al cabo de un año. Cuando expiró el plazo del primer año, se había retrasado en el pago de los intereses y solicitó una prórroga de treinta días. Le concedí esta petición, pero al cabo de treinta días seguía sin poder hacer frente al pagaré y solicitó una prórroga adicional.

"Como ya he dicho, no me dedico a prestar dinero. En veinte días necesitaba el pago total del préstamo para hacer frente a deudas propias. Pero accedí de nuevo a prorrogar el pagaré a pesar de que mi propio crédito estaba ahora en grave peligro. Lo natural era presionar legalmente para cobrar y hace unos años lo habría hecho. En lugar de eso, recordé tu advertencia de 'no robar a los demás su capacidad', y me di cuenta de que había estado robando a mi amigo su capacidad de pagar lo que debía.

"Durante tres noches construí una escena en mi imaginación en la que oía a mi amigo decirme que pedidos inesperados habían inundado su mesa tan rápidamente, que ahora era capaz de pagar el préstamo en su totalidad. Al cuarto día recibí una llamada suya. Me dijo que, por lo que él llamaba "un milagro", había recibido tantos pedidos, y además grandes, que ahora podía pagar mi préstamo con todos los intereses adeudados y, de hecho, acababa de enviarme por correo un cheque por el importe total."

R.K.

No hay nada más fundamental para el secreto de imaginar
que la distinción entre imaginar y el estado imaginado.

"Las cosas mentales son sólo reales ..."
"Todo lo que se puede creer
es una imagen de la verdad".

PREGUNTAS Y RESPUESTAS PARA LA REFLEXIÓN

1. ¿Qué significa la cita "Las cosas mentales son las únicas reales" en el contexto de este capítulo?

- **Respuesta:** Esta cita enfatiza el poder de nuestra imaginación y pensamientos para dar forma a nuestra realidad. Sugiere que nuestras percepciones, creencias y construcciones mentales son lo que realmente define nuestras experiencias e interacciones con el mundo. Si podemos cambiar nuestras actitudes mentales, podemos influir en nuestra realidad externa.

-

2. ¿Cómo sugiere el autor que podemos remodelar nuestros recuerdos de los demás y por qué es esto importante?

- **Respuesta:** El autor sugiere que podemos remodelar nuestros recuerdos imaginando activamente a los demás desde una perspectiva más positiva, centrándonos en quiénes pueden llegar a ser en lugar de quiénes eran. Esto es importante porque nos permite dejar de lado los agravios del pasado y fomenta el crecimiento personal tanto en nosotros mismos como en los demás. Al cambiar nuestras percepciones, podemos fomentar relaciones más saludables y una visión del mundo más compasiva.

-

3. ¿De qué manera el concepto de perdón juega un papel en el poder transformador de la imaginación?

- **Respuesta:** El perdón es fundamental para el poder transformador de la imaginación porque nos permite liberar emociones y juicios negativos que tenemos sobre los demás. Al perdonar y visualizar a los demás de manera positiva, podemos cambiar nuestras propias respuestas emocionales y crear una realidad más armoniosa. El acto de perdonar abre la puerta a nuevas posibilidades y sanación.

-

4. ¿Qué pasos prácticos podemos tomar para implementar las ideas presentadas en este capítulo en nuestra vida diaria?

- **Respuesta:** Podemos empezar por darnos cuenta conscientemente de nuestros pensamientos y actitudes hacia los demás, en particular aquellos sobre los que podemos tener opiniones negativas. Cuando surgen tales pensamientos, podemos hacer una pausa y reimaginar a la persona en un escenario positivo, centrándonos en su potencial y las cualidades que admiramos. Practicar regularmente la gratitud y el aprecio por las personas en nuestras vidas también puede ayudarnos a cambiar nuestra forma de pensar.

-

5. ¿Cómo puede la historia del autor ayudando al mendigo servir como metáfora de la transformación personal?

- **Respuesta:** La historia sirve como metáfora de la transformación personal al ilustrar cómo cambiar nuestras narrativas internas puede conducir a cambios externos. Inicialmente, el autor tiene una visión negativa del mendigo, pero a través de la imaginación y el perdón, redefine su interacción. Este cambio no sólo alivia su culpa sino que también contribuye al cambio positivo del mendigo, destacando la interconexión de nuestras actitudes y las realidades que experimentamos.

-

6. ¿Qué implica la frase "nada es real más allá de los patrones imaginativos que hacemos de ello" acerca de nuestras percepciones de la realidad?

- **Respuesta:** Esta frase implica que nuestras percepciones e interpretaciones de la realidad están influenciadas en gran medida por nuestra imaginación y pensamientos. La realidad no es una verdad absoluta, sino que está determinada por cómo elegimos percibir e imaginar nuestras experiencias. Esta comprensión nos permite tomar el control de nuestras percepciones y moldear activamente nuestras realidades a través del pensamiento consciente.

-

7. ¿De qué manera nuestras actitudes hacia los demás pueden afectar sus habilidades y potencial?

- **Respuesta:** Nuestras actitudes hacia los demás pueden empoderarlos o limitarlos. Cuando tenemos una visión positiva de las habilidades de alguien, es más probable que lo apoyemos y alientemos, lo que puede inspirar confianza y motivarlo a alcanzar su potencial. Por el contrario, las actitudes negativas pueden obstaculizar su progreso y reforzar sus limitaciones. Esto enfatiza la importancia de cultivar una mentalidad optimista y solidaria en nuestras relaciones.

-

8. Reflexiona sobre un momento en el que cambiar tu perspectiva sobre alguien te llevó a un resultado positivo. ¿Qué aprendiste de esa experiencia?

- **Respuesta:** (Aquí se requiere una reflexión personal) Esta pregunta anima a los lectores a conectar los conceptos discutidos en el capítulo con sus propias vidas. Reflexionar sobre las experiencias personales puede profundizar la comprensión del poder transformador de la imaginación y el impacto de las actitudes en las relaciones.

CAPÍTULO TRECE
TRIVIALIDADES

"El conocimiento general es conocimiento remoto;
En lo particular consiste la sabiduría
Y la felicidad también".
BLAKE

Debemos usar nuestra imaginación para alcanzar fines particulares, aunque los fines sean todos triviales. Como los hombres no definen e imaginan claramente los fines particulares, los resultados son inciertos, mientras que podrían ser perfectamente seguros. Imaginar fines particulares es discriminar claramente. "¿Cómo distinguir el roble de la haya, el caballo del buey, sino por el contorno que lo delimita?". La definición afirma la realidad de lo particular frente a las generalizaciones informes que inundan la mente.

La vida en la tierra es un jardín de infancia para la creación de imágenes. La grandeza o pequeñez del objeto a crear no es importante en sí misma. "La gran regla de oro del arte, así como de la vida", dijo Blake, "es ésta: Que cuanto más nítida, aguda y alambrada sea la línea delimitadora, más perfecta será la obra de arte, y cuanto menos aguda y nítida, mayor será la evidencia de una débil imitación. ¿Qué es lo que construye una casa y planta un jardín sino lo definido y determinado? ... Si se omite esta línea, se omite la vida misma".

Los siguientes relatos tratan de la adquisición de cosas aparentemente pequeñas, o "juguetes", como yo los llamo,

pero son importantes por las claras imágenes imaginarias que crearon los juguetes. La autora de la primera historia es alguien de quien se dice que "lo tiene todo". Y es cierto. Tiene seguridad económica, social e intelectual.
Ella escribe:

"Como sabes, gracias a tus enseñanzas y a la práctica de las mismas, he cambiado completamente mi vida y a mí misma. Hace dos semanas, cuando hablaste de 'juguetes', me di cuenta de que nunca había utilizado mi imaginación para conseguir 'cosas' y decidí que sería divertido intentarlo. Hablaste de una joven a la que le dieron un sombrero simplemente poniéndoselo en su imaginación. Lo último que yo necesitaba era un sombrero, pero quería poner a prueba mi imaginación para conseguir cosas, así que elegí un sombrero de una revista de moda. Recorté la foto y la pegué en el espejo de mi tocador. Estudié la imagen detenidamente. Luego, cerré los ojos y, en mi imaginación, me puse el sombrero en la cabeza y me lo "puse" al salir de casa. Sólo lo hice una vez.

La semana siguiente quedé con unas amigas para comer y una de ellas llevaba "el" sombrero. Todos lo admiramos. Al día siguiente, recibí un paquete por mensajero especial. El sombrero estaba en el paquete. La amiga que lo había llevado el día anterior me lo había enviado con una nota en la que decía que no le gustaba mucho y que no sabía por qué lo había comprado, pero que por alguna razón pensaba que me quedaría bien a mí y que por favor lo aceptara".

G.L.

Pasar de los "sueños a las cosas" es la fuerza que impulsa a la humanidad.

"Debemos vivir enteramente en el nivel de la imaginación. Y debe ser consciente y deliberadamente".

"Toda mi vida he amado a los pájaros. Disfruto observándolos, escuchando su parloteo, dándoles de comer, y me gusta especialmente el pequeño gorrión. Durante muchos meses los he alimentado con migajas de pan de la mañana, semillas de pájaros silvestres y cualquier cosa que creía que comerían.

"Y durante todos esos meses me he sentido frustrado al ver cómo los pájaros más grandes -sobre todo las palomas- dominaban la zona, engullendo la mayor parte de las semillas buenas y dejando las cáscaras para mis gorriones.

"Utilizar la imaginación en este problema me pareció gracioso al principio, pero cuanto más pensaba en ello, más interesante me parecía la idea. Así que una noche me puse a 'ver' a los pajarillos entrar a por su ración completa de las ofrendas diarias, y le 'decía' a mi mujer que las palomas ya no interferirían con mis gorriones, sino que tomaban su ración como caballeros y luego abandonaban la zona. Continué con esta acción imaginaria durante casi un mes. Una mañana me di cuenta de que las palomas habían desaparecido. Los gorriones tuvieron el desayuno para ellos solos durante unos días; durante esos pocos días ningún pájaro más grande entró en la zona. Al final volvieron, pero hasta hoy no han vuelto a invadir la zona ocupada por mis gorriones. Permanecen juntos, comiendo lo que les pongo, dejando una parte completa de la zona a mis pequeños amigos. Y sabes... en realidad creo que los gorriones entienden; ya no parecen tener miedo cuando camino entre ellos".

R.K.

Esta señora demuestra que a menos que nuestro corazón esté en la tarea, a menos que nos imaginemos a nosotros mismos en el sentimiento de nuestro deseo cumplido, no estamos allí, porque todos somos imaginación, y debemos estar donde y lo que somos en la imaginación.

"A principios de febrero, mi marido y yo llevábamos un mes en nuestra nueva casa -una casa encantadora, situada en un acantilado escarpado, con el océano como patio delantero, el viento y el cielo como vecinos y las gaviotas como huéspedes- y estábamos eufóricos. Si has experimentado la alegría y la desdicha de construir tu propia casa, sabrás lo feliz que te sientes y lo vacía que tienes la cartera: Cientos de cosas bonitas clamaban por ser compradas para esa casa, pero lo que más queríamos era lo más inútil: un cuadro. No un cuadro cualquiera, sino una maravillosa y salvaje escena del mar dominada por un gran clíper blanco. Este cuadro había estado en nuestros pensamientos todos los meses de construcción y dejamos una pared del salón libre de paneles para colocarlo. Mi marido colocó farolillos decorativos rojos y verdes en la pared para enmarcar el cuadro, pero éste tendría que esperar. Las cortinas, las alfombras... todo lo práctico debía venir primero. Tal vez, pero eso no nos impidió a ninguno de los dos "ver" ese cuadro, en nuestra imaginación, en esa pared.

"Un día, mientras iba de compras, entré en una pequeña galería de arte y, al cruzar la puerta, me detuve tan de repente que un caballero que caminaba detrás de mí chocó contra un caballete. Me disculpé y señalé un cuadro que colgaba a la altura de la cabeza al otro lado de la sala.

"¡Ha sido eso! Se presentó como el propietario de la galería y dijo: 'Sí, un original del mejor pintor inglés de clíperes que el mundo ha conocido'. Siguió hablándome del artista, pero yo no le escuchaba. No podía apartar los ojos de aquel maravilloso barco; y de pronto experimenté algo muy extraño. Fue sólo un instante, pero la galería de arte se desvaneció y "vi" aquel cuadro en mi pared. Me temo que el propietario pensó que estaba un poco mareado, y así era, pero finalmente conseguí volver a prestar atención a su voz cuando mencionó un precio astronómico. Continuó hablándome del pintor y también de un artista americano que era el único litógrafo vivo capaz de copiar al gran maestro inglés. Si tiene suerte, podrá hacerse con uno de sus grabados. He visto su obra. Es perfecto hasta el último detalle. Mucha gente prefiere los grabados a los cuadros".

"'Grabados' o 'cuadros', yo no sabía nada de los valores de unos ni de otros y, de todos modos, lo único que quería era aquella escena. Cuando mi marido volvió a casa aquella noche, no hablé de otra cosa que de aquel cuadro y le supliqué que visitara la galería para verlo. Quizá podamos encontrar una copia en alguna parte. El hombre dijo...' 'Sí', interrumpió, 'pero ya sabes que ahora no podemos permitirnos ningún cuadro... ' Nuestra conversación terminó ahí, pero aquella noche, después de cenar, me quedé de pie en nuestro salón y 'vi' aquel cuadro en nuestra pared. "Al día siguiente, mi marido tenía una cita con un cliente a la que no quería acudir. Pero la cita se cumplió, y mi marido no volvió a casa hasta después del anochecer. Cuando entró por la puerta principal, yo estaba ocupada en otra parte de la casa y le llamé para saludarle. Unos minutos más tarde oí martillazos y entré en el salón para ver qué estaba haciendo. En la pared estaba colgado mi cuadro. En mi primer momento de intensa alegría recordé al hombre de la galería de arte, que decía... 'Si tiene mucha suerte, podrá llevarse uno de sus grabados' ¿Suerte?

Bueno, aquí está la parte de mi marido en esta historia:

"Haciendo la llamada ya mencionada, entró en una de las casitas más pobres y mezquinas en las que había estado nunca. El cliente se presentó y condujo a mi marido a un comedor diminuto y oscuro donde ambos se sentaron a una mesa desnuda. Cuando mi marido dejó su maletín sobre la mesa, levantó la vista y vio el cuadro que había en la pared. Me confesó que había hecho una entrevista muy chapucera porque no podía apartar los ojos de aquella foto. El cliente firmó el contrato y entregó un cheque como pago inicial al que, según creía mi marido en aquel momento, le faltaban diez dólares. Al mencionar este hecho al cliente, dijo que el cheque entregado era hasta el último céntimo que podía pagar, pero añadió: "Me he dado cuenta de su interés por ese cuadro. Estaba aquí cuando ocupé este lugar. No sé a quién perteneció, pero no lo quiero. Si pones los diez dólares por mí, te daré el cuadro'.

"Cuando mi marido regresó a la oficina principal de su empresa, se enteró de que se había equivocado con la cantidad. No le habían cobrado diez dólares. Nuestra foto está en la pared. Y no nos cuesta nada".

A.A.

De R.L. que escribe la carta siguiente hay que decir:

"A fe, Señora, que tiene un corazón alegre".

"Un día, durante una huelga de autobuses, necesitaba ir al centro de la ciudad y tuve que caminar diez cuadras desde mi casa hasta el autobús más cercano en funcionamiento. Antes de volver a casa recordé que no había ningún mercado de alimentos en esta nueva ruta y que no podría comprar la cena. Tenía lo suficiente para hacer una comida de sobaquillo, pero necesitaría pan. Después de comprar durante todo el día, las diez manzanas que me separaban de la línea de autobús eran todo lo que podía hacer, e ir aún más lejos para comprar pan era imposible.

"Me quedé quieta un momento y dejé que una visión del pan 'bailara en mi cabeza'. Luego me puse en camino. Cuando subí al autobús, estaba tan cansada que me senté en el primer asiento libre y casi en una bolsa de papel. En un autobús abarrotado de gente, los pasajeros cansados no suelen mirarse directamente, así que, curiosa por naturaleza, eché un vistazo a la bolsa. Por supuesto, se trataba de una barra de pan, pero no de cualquier pan, sino de la misma marca que compro siempre".

R.L.

Baratijas: todas baratijas, pero producían sus trivialidades sin precio. La imaginación lograba estas cosas sin los medios que generalmente se consideran necesarios para ello. El hombre valora la riqueza de un modo que no guarda relación con los valores reales.

"Venid, comprad vino y leche sin dinero y sin precio".

ISAÍAS. 55:1

PREGUNTAS Y RESPUESTAS PARA LA REFLEXIÓN

1. ¿Cuál es el significado de definir fines particulares en nuestra imaginación?

- **Respuesta:** Definir fines particulares nos ayuda a crear imágenes más claras y precisas en nuestra mente, lo que lleva a manifestaciones más intencionales y efectivas en la realidad. Al distinguir las metas específicas de los deseos vagos, podemos canalizar nuestro poder imaginativo hacia el logro de resultados tangibles, por triviales que parezcan.

-

2. ¿Cómo ilustran las historias compartidas en este capítulo el concepto de que la imaginación crea la realidad?

- **Respuesta:** Las historias demuestran que al imaginar vívidamente los resultados deseados, como recibir un sombrero específico o un cuadro para su hogar, las personas pueden influir en su realidad. Estas anécdotas enfatizan que el acto de visualizar deseos específicos puede conducir a resultados sorprendentes y satisfactorios, reforzando la idea de que nuestra imaginación es una herramienta poderosa para dar forma a nuestras experiencias.

-

3. ¿Qué papel juega el compromiso emocional en la eficacia de las prácticas imaginativas?

- **Respuesta:** El compromiso emocional es crucial para la eficacia de las prácticas imaginativas. Cuando las personas invierten sus sentimientos en sus visualizaciones (como sentir alegría y emoción al recibir una foto o un sombrero) aumentan la probabilidad de que estas imaginaciones se manifiesten en la realidad. La profundidad de la emoción puede fortalecer el acto imaginativo, haciéndolo más resonante e impactante.

-

4. ¿Cómo podemos aplicar la lección de imaginar con claridad a nuestra vida diaria?

- **Respuesta:** Podemos aplicar esta lección tomándonos el tiempo para definir claramente nuestros deseos y visualizarlos en detalle. Al establecer intenciones específicas para lo que queremos lograr, ya sea pequeño o grande, e imaginar constantemente esos resultados, podemos crear un camino enfocado hacia el logro de nuestras metas. Este enfoque se puede aplicar a diversas áreas de la vida, incluidas las aspiraciones personales, las relaciones y los esfuerzos profesionales.

-

5. ¿De qué manera el cambio de nuestras actitudes hacia los demás, como se ilustra en los relatos, puede afectar su realidad?

- **Respuesta:** Cambiar nuestras actitudes hacia los demás puede impactar positivamente su realidad al empoderarlos y alterar la forma en que los percibimos e interactuamos con ellos. Como se ve en los ejemplos, cuando los individuos eligen imaginar a los demás bajo una luz más favorable, esto puede conducir a cambios reales en las circunstancias y la autopercepción de esos individuos, creando un efecto dominó de transformación.

-

6. ¿Qué ideas podemos obtener de este capítulo sobre la naturaleza de la riqueza y el valor?

- **Respuesta:** Este capítulo sugiere que la verdadera riqueza y el valor no están necesariamente ligados a los activos monetarios o posesiones materiales, sino que también pueden encontrarse en la satisfacción de los deseos y la alegría de las experiencias. Las historias ilustran que la creación imaginativa puede producir resultados que tienen más significado personal que su valor financiero, animándonos a reconsiderar cómo definimos y buscamos la abundancia en nuestras vidas.

CAPÍTULO CATORCE
EL MOMENTO CREATIVO

*"El hombre natural no recibe los dones
del Espíritu de Dios, porque para él son locura
para él, y no es capaz de entenderlos
porque se disciernen espiritualmente". ...*
I COR. 2:14.

*"Hay un momento en cada día que Satanás no puede encontrar.
Satanás no puede encontrar, ni sus demonios
pero el trabajador encuentra este momento y se multiplica
se multiplica, y cuando una vez se encuentra renueva
cada Momento del Día si se coloca correctamente".*
BLAKE

Cada vez que imaginamos las cosas como deberían ser, en lugar de como parecen ser, es "El Momento". Porque en ese momento el trabajo del hombre espiritual está hecho y todos los grandes acontecimientos del tiempo comienzan a moldear un mundo en armonía con el patrón alterado de ese momento.

Satanás, escribe Blake, es un "Reactor". Nunca actúa; sólo reacciona. Y si nuestra actitud ante los acontecimientos del día es "reaccionaria", ¿no estamos desempeñando el papel de Satán? El hombre sólo reacciona en su estado natural o satánico; nunca actúa ni crea, sólo reacciona o recrea. Un momento creativo real, un sentimiento real del deseo cumplido, vale más que toda la vida natural de re-acción. En un momento así, la obra de Dios está hecha. Una vez más podemos decir con Blake: "Dios sólo Actúa y Es, en seres u Hombres existentes".

Hay un pasado imaginal y un futuro imaginal. Si, reaccionando, el pasado se recrea en el presente, así, actuando nuestros sueños de fantasía, el futuro puede ser traído al presente.

"Siento ahora el futuro en el instante".

El hombre espiritual Actúa: para él, cualquier cosa que quiera hacer, puede hacerla y hacerla al instante-en su imaginación-y su lema es siempre: "El Momento es Ahora".

"He aquí, ahora es el tiempo aceptable; he aquí, ahora es el
día de salvación".

2 COR. 6:2

Nada se interpone entre el hombre y la realización de su sueño, sino los hechos: Y los hechos son creaciones de la imaginación. Si el hombre cambia su imaginación, cambiará los hechos.

Esta historia habla de una joven que encontró el Momento y, al actuar su sueño de fantasía, trajo el futuro al instante, sin darse cuenta de lo que había hecho hasta la escena final.

"El incidente que se relata a continuación debe parecer una coincidencia a quienes nunca han estado expuestos a sus enseñanzas, pero sé que observé un acto imaginativo tomar forma sólida en, tal vez, cuatro minutos. Creo que les interesará leer este relato, escrito exactamente como sucedió, pocos minutos después de que ocurriera, ayer por la mañana.

"Estaba conduciendo mi coche hacia el este por Sunset Boulevard, en el carril central del tráfico, frenando lentamente para detenerme ante una señal roja en una intersección de tres vías, cuando me llamó la atención la visión de una anciana, vestida toda de gris, que cruzaba corriendo la calle delante de mi coche. Tenía el brazo levantado, haciendo señas al conductor de un autobús que empezaba a alejarse de la acera. Obviamente, intentaba cruzar por delante del autobús para retrasarlo. El conductor redujo la velocidad de su vehículo y pensé que la dejaría entrar.

En lugar de eso, cuando saltó a la acera, el autobús se alejó dejándola parada justo en el acto de bajar el brazo. Se dio la vuelta y caminó rápidamente hacia una cabina telefónica cercana.

"Cuando el semáforo se puso en verde y puse el coche en marcha, deseé haber estado detrás del autobús y haber podido llevarla. Su extrema agitación era evidente incluso desde la distancia a la que me encontraba de ella. Mi deseo se cumplió instantáneamente en un drama mental, y mientras me alejaba, la fantasía se representó en la siguiente escena ...

"... Abrí la puerta del coche y entró una señora vestida de gris, sonriendo aliviada y dándome las gracias profusamente. Estaba sin aliento de tanto correr y me dijo: 'Sólo me quedan unas manzanas. He quedado con unos amigos y temía que se fueran sin mí al perder el autobús". Dejé a mi dama imaginaria unas manzanas más adelante y ella se alegró al ver que sus amigos seguían esperándola. Me dio las gracias de nuevo y se marchó".

"Toda la escena mental transcurrió en el tiempo que se tarda en conducir una manzana a una velocidad normal. La fantasía satisfizo mis sentimientos respecto al incidente "real", y lo olvidé inmediatamente. Cuatro manzanas más allá, seguía en el carril central y de nuevo tuve que detenerme por un semáforo en rojo. Mi atención se centraba en ese momento en algo que ya he olvidado, cuando de repente alguien golpeó la ventanilla cerrada de mi coche y levanté la vista para ver a una anciana de aspecto encantador, con el pelo canoso y vestida toda de gris. Sonriendo, me preguntó si podía acompañarme unas manzanas porque había perdido el autobús. Estaba sin aliento, como si hubiera corrido, y me quedé tan sorprendido por su repentina aparición en medio de una calle muy transitada, junto a mi ventanilla, que por un momento sólo pude reaccionar físicamente y, sin responder, me incliné y abrí la puerta del coche. Se subió y me dijo: "Qué fastidio tener tanta prisa y luego perder el autobús. No te lo habría impuesto así, pero he quedado con unos amigos unas manzanas más abajo y si tuviera que caminar ahora, los perdería'. Seis manzanas más adelante, exclamó: '¡Qué bien! Todavía me están esperando'. La dejé salir, me dio las gracias de nuevo y se marchó.

"Me temo que me dirigí a mi propio destino por reflejo automático, pues había reconocido plenamente que acababa de observar cómo un sueño despierto tomaba forma en una acción física. Reconocí lo que estaba ocurriendo mientras ocurría. Tan pronto como pude, escribí cada parte del incidente y descubrí una sorprendente coherencia entre el "sueño despierto" y la "realidad" posterior. Ambas mujeres eran ancianas, de modales amables, vestidas de gris y sin aliento por haber corrido a coger un autobús y haberlo perdido. Ambas deseaban reunirse con amigos (que por alguna razón no podían esperarlas mucho más) y ambas abandonaron mi coche en el espacio de unas pocas manzanas después de completar con éxito el contacto con sus amigos.

"¡Estoy asombrado, confundido y eufórico! Si no existe tal cosa como la coincidencia o el accidente, entonces fui testigo de cómo la imaginación se convertía en 'realidad' casi instantáneamente."

J.R.B.

"Hay un Momento en cada Día que Satanás no puede encontrar, Ni pueden encontrarlo sus Demonios Vigilantes; pero los Industriosos encuentran Este Momento y se multiplican, Y cuando una vez se encuentra Renueva cada Momento del Día si se coloca correctamente."

"Desde la primera vez que leí su 'Búsqueda' he anhelado experimentar una visión. Desde que nos has hablado de la 'Promesa' este deseo se ha intensificado. Quiero hablarle de mi visión, que fue una respuesta gloriosa a mi oración; pero estoy seguro de que no habría tenido esta experiencia si no fuera por algo que ocurrió hace dos semanas.

"Tuve que aparcar mi coche a cierta distancia del edificio de la Universidad donde tenía programada mi clase. Al salir del coche, me di cuenta de la quietud que me rodeaba. La calle estaba completamente desierta; no había nadie a la vista.

"De repente oí una voz espantosa. Miré hacia el sonido y vi a un hombre blandiendo un bastón, gritando, entre palabras viles: 'Te mataré. Te voy a matar'. Seguí adelante mientras se acercaba a mí, pues en aquel momento pensé: "Ahora puedo probar lo que he profesado creer; si creo que somos uno, el Padre, este vagabundo y yo, no me puede pasar nada". En ese momento no tuve miedo. En lugar de ver a un hombre que venía hacia mí, sentí una luz. Dejó de gritar, dejó caer su bastón y caminó tranquilamente mientras pasábamos con menos de un palmo de distancia entre nosotros.

"Tras haber puesto a prueba mi fe en aquel momento, todo a mi alrededor me ha parecido más vivo que antes: las flores más brillantes y los árboles más verdes. He tenido una sensación de paz y de 'unidad' de la vida que no había conocido antes. "El viernes pasado me dirigí a nuestra casa de campo; no había nada fuera de lo común en el día ni en la noche. Trabajé en un manuscrito y, como no estaba cansado, no intenté dormirme hasta las dos de la madrugada. Entonces apagué la luz y caí en esa sensación flotante, no dormida sino somnolienta, como yo la llamo, medio despierta y medio dormida. A menudo, cuando me encuentro en este estado, aparecen ante mí rostros hermosos y desconocidos, pero esta mañana la experiencia fue diferente. Un rostro perfecto, el de un niño, se presentó ante mí de perfil; luego se volvió y me sonrió. Resplandecía de luz y parecía llenar de luz mi propia cabeza.

"Estaba radiante y excitado y pensé 'este debe ser el Christos'; pero algo dentro de mí, sin sonido, dijo: 'No, este eres tú'. Siento que nunca volveré a ser el mismo y que algún día podré experimentar la 'Promesa'".

G.B.

Todos nuestros sueños se harán realidad desde el momento en que sepamos que Imaginar Crea Realidad y Actuar. Pero la Imaginación busca de nosotros algo mucho más profundo y fundamental que crear cosas: nada menos que el reconocimiento de su propia unidad, con Dios; que lo que hace es, en realidad, Dios mismo haciéndolo en y a través del Hombre que es Toda Imaginación.

PREGUNTAS Y RESPUESTAS PARA LA REFLEXIÓN

1. ¿Qué sugiere el capítulo sobre la relación entre imaginación y realidad?

- **Respuesta:** El capítulo plantea que la imaginación juega un papel crucial en la configuración de la realidad. Sugiere que al imaginar activamente lo que deseamos, podemos manifestar esos deseos en nuestras vidas. El acto de la imaginación no es simplemente un ensueño pasivo sino una poderosa fuerza creativa que puede alterar nuestras circunstancias y dar forma tangible a nuestras aspiraciones.

-

2. ¿Cómo se relaciona el concepto de "El Momento" con la idea de actuar versus reaccionar en nuestras vidas?

- **Respuesta:** "El Momento" se refiere a instancias en las que elegimos conscientemente visualizar los resultados deseados en lugar de simplemente reaccionar ante circunstancias externas. El capítulo contrasta el acto creativo del hombre espiritual, que da forma a su realidad a través de la imaginación, con el "hombre natural", que simplemente reacciona ante las situaciones. Esta distinción enfatiza la importancia de tomar medidas proactivas en nuestro pensamiento e imaginación para influir positivamente en nuestra realidad.

-

3. ¿De qué manera ilustra el autor el poder de la imaginación a través de las historias compartidas en el capítulo?

- **Respuesta:** El autor comparte anécdotas que demuestran el impacto inmediato de los actos imaginativos en la realidad. Por ejemplo, la historia de la mujer que se imaginó llevando a una anciana se materializa cuando más tarde se encuentra con una situación similar. Estas narrativas sirven como evidencia de que el momento creativo puede conducir a resultados tangibles, reforzando la noción de que nuestros pensamientos e imaginaciones pueden provocar cambios reales en nuestras vidas.

-

4. ¿Qué papel juega la fe en el proceso de manifestación de los deseos según el capítulo?

- **Respuesta:** La fe se describe como un componente esencial en el proceso de manifestación. Los individuos de las historias expresan una creencia en el poder de su imaginación y un sentido de confianza en el proceso. Esta fe les permite visualizar sus deseos como ya cumplidos, lo que alinea su forma de pensar con la realidad que desean crear. Sugiere que es necesaria una fuerte creencia en la conexión entre la imaginación y la realidad para manifestar eficazmente los sueños.

-

5. ¿Cómo influye la idea de unidad con Dios en la comprensión de la imaginación en este capítulo?

- **Respuesta:** El capítulo enfatiza que la imaginación no es solo una herramienta personal sino una manifestación de una unidad más profunda con Dios. Sugiere que cuando participamos en el acto de la imaginación, estamos participando en un proceso divino a través del cual Dios se expresa en y. a través de nosotros. Esta perspectiva anima a los lectores a reconocer la naturaleza sagrada de su capacidad imaginativa y su potencial para alinearlos con la fuerza creativa mayor del universo.

-

6. Reflexiona sobre una experiencia personal en la que sentiste que tu imaginación influyó en tu realidad. ¿Qué aprendiste de esa experiencia?

- **Respuesta:** (Esta pregunta invita a la reflexión personal y puede variar ampliamente entre los lectores. Aquí hay un marco para una respuesta). Recuerdo un momento en el que imaginé un resultado exitoso para una entrevista de trabajo que me preocupaba. Me imaginé respondiendo preguntas con confianza y recibiendo una oferta. Cuando llegó el día de la entrevista, sentí una sensación de calma y seguridad que reflejaba mi visualización. Al final recibí la oferta. Esta experiencia me enseñó la importancia de preparar mi mente para el éxito y cuán poderosa puede ser mi imaginación para dar forma a mis experiencias.

CAPÍTULO QUINCE
LA PROMESA

Cuatro experiencias místicas

En todo lo que he relatado hasta ahora -con excepción de la Visión del niño de G.B.- la imaginación se ejerció conscientemente. Hombres y mujeres crearon obras de teatro en su imaginación, obras que implicaban la realización de sus deseos. Luego, al imaginarse a sí mismos participando en estos dramas, creaban lo que sus actos imaginarios implicaban. Este es el sabio uso de la ley de Dios. Pero "Nadie se justifica ante Dios por la ley". (Gal. 3.11).

Muchas personas se interesan por el Imaginismo como forma de vida, pero no se interesan en absoluto por su marco de fe, una fe que conduce al cumplimiento de la promesa de Dios. "Yo levantaré después de ti a tu hijo, que saldrá de tu cuerpo... Yo seré su padre, y él será mi hijo". (2 Sam. 7.12-14).

La promesa de que Dios sacará de nuestro cuerpo un hijo que "no nacerá de la sangre, ni de la voluntad de la carne, ni de la voluntad del hombre, sino de Dios" no les interesa. Quieren conocer la ley de Dios, no su promesa. Sin embargo, este nacimiento milagroso ha sido declarado claramente como un deber para toda la humanidad desde los primeros días de la comunión cristiana. "Es necesario nacer de lo alto" (Juan 3:7). Mi propósito aquí es declararlo de nuevo y declararlo en tal lenguaje y con tal referencia a mis propias experiencias místicas personales, que el lector vea que este nacimiento "de lo alto" es mucho más que una parte de una superestructura prescindible, que es el único propósito de la creación de Dios.

En concreto, mi propósito al registrar estas cuatro experiencias místicas es mostrar lo que "Jesucristo, el testigo fiel, el primogénito de entre los muertos" (Ap. 1.5) intentaba decir sobre este nacimiento "de lo alto". "¿Cómo pueden predicar los hombres si no son enviados? (Rom. 10.15).

Hace muchos años, fui llevado en espíritu a una Divina Sociedad, una Sociedad de hombres en los que Dios está despierto. Aunque parezca extraño, los dioses se encuentran de verdad. Al entrar en esta sociedad, el primero en saludarme fue la encarnación del Poder infinito. El suyo era un poder desconocido para los mortales. Luego me llevaron a conocer al Amor infinito. Me preguntó: "¿Qué es lo más grande del mundo?". Le respondí con las palabras de Pablo: "La fe, la esperanza y el amor, estos tres; pero el mayor de ellos es el amor". En ese momento, me abrazó y nuestros cuerpos se fundieron y se convirtieron en un solo cuerpo. Me uní a él y le amé como a mi propia alma. Las palabras "amor de Dios", tan a menudo una mera frase, eran ahora una realidad con un significado tremendo. Nada jamás imaginado por el hombre podía compararse con este amor que el hombre siente a través de su unión con el Amor. La relación más íntima en la tierra es como vivir en celdas separadas en comparación con esta unión.

Mientras me encontraba en este estado de supremo deleite, una voz del espacio exterior gritó: "¡Abajo los sangre azul!". Al oír este grito, me encontré ante el primero que me había saludado, el que encarnaba la infinita Potencia. Me miró a los ojos y, sin usar palabras ni la boca, oí lo que me dijo: "Hora de actuar". De repente fui sacado de aquella Divina Sociedad y regresé a la tierra. Estaba atormentado por mis limitaciones de comprensión, pero sabía que aquel día la Divina Sociedad me había elegido como compañero y me había enviado a predicar a Cristo, la promesa de Dios al hombre.

Mis experiencias místicas me han llevado a aceptar literalmente, el dicho de que todo el mundo es un escenario. Y a creer que Dios interpreta todos los papeles. ¿El propósito de la obra? Transformar al hombre, lo creado, en Dios, el creador. Dios amó al hombre, su creado, y se hizo hombre en la fe de que este acto de autoencargo transformaría al hombre, el creado, en Dios, el creador.

La obra comienza con la crucifixión de Dios en el hombre -como hombre- y termina con la resurrección del hombre -como Dios-. Dios se hace como nosotros, para que nosotros seamos como Él. Dios se hace hombre para que el hombre se convierta, primero, en un ser vivo y, segundo, en un espíritu que da vida.

"Con Cristo estoy crucificado; ya no vivo yo, sino que es Cristo quien vive en mí.
vivo yo, sino que es Cristo quien vive en mí.
en la carne vivo por la fe en el Hijo de Dios, que me amó me amó y se entregó a sí mismo por mí".

GA1.2:20

Dios tomó sobre sí la forma de hombre y se hizo obediente hasta la muerte -incluso la muerte en la cruz del hombre- y es crucificado en el Gólgota, el cráneo del hombre. Dios mismo entra por la puerta de la muerte -el cráneo humano- y se acuesta en la tumba del hombre para hacer del hombre un ser vivo. La misericordia de Dios convirtió la muerte en sueño. Entonces comenzó la prodigiosa e impensable metamorfosis del hombre, la transformación del hombre en Dios.

Ningún hombre, sin la ayuda de la crucifixión de Dios, podría cruzar el umbral que admite la vida consciente, pero ahora tenemos unión con Dios en su ser crucificado. Él vive en nosotros como nuestra maravillosa imaginación humana. "El hombre es todo imaginación, y Dios es hombre, y existe en nosotros y nosotros en él. El cuerpo eterno del hombre es la imaginación, es decir, Dios mismo". Cuando resucite en nosotros seremos como él y él será como nosotros. Entonces todas las imposibilidades se disolverán en nosotros en ese toque de exaltación que su surgimiento en nosotros impartirá a nuestra naturaleza.

He aquí el secreto del mundo: Dios murió para dar la vida al hombre y liberarlo, porque, por muy claramente que Dios sea consciente de su creación, no se deduce que el hombre, imaginativamente creado, sea consciente de Dios. Para obrar este milagro, Dios tuvo que morir y resucitar como hombre, y nadie lo ha expresado tan claramente como Blake. Blake dice, o más bien hace decir a Jesús: "Si yo no muero, tú no puedes vivir; pero si yo muero, resucitaré y tú conmigo. ¿Amarías tú a alguien que nunca murió por ti, o morirías por alguien que no murió por ti? Y si Dios no muriera por el hombre y no se entregara eternamente por el hombre, el hombre no podría existir".

Así pues, Dios muere, es decir, Dios se ha entregado libremente por el hombre. Deliberadamente, se ha hecho hombre y ha olvidado que es Dios, con la esperanza de que el hombre, así creado, resucite finalmente como Dios. Dios se ha ofrecido tan completamente por el hombre, que clama en la cruz del hombre: "Dios mío, Dios mío, ¿por qué me has abandonado?". Ha olvidado por completo que es Dios. Pero después de que Dios resucite en un hombre, ese hombre dirá a sus hermanos: "¿Por qué estamos aquí, temblando alrededor, pidiendo ayuda a Dios, y no a nosotros mismos, en quienes Dios habita?"

Este primer hombre que ha resucitado de entre los muertos es conocido como Jesucristo: las primicias de los que durmieron, el primogénito de los muertos. Por un hombre murió Dios; ahora, por un hombre, ha venido también la resurrección de los muertos. Jesucristo resucita a su Padre muerto convirtiéndose en su padre. En Adán -el hombre universal- Dios duerme. En Jesucristo -el Dios individualizado- Dios despierta. Al despertar, el hombre, el creado, se ha convertido en Dios, el creador, y puede decir verdaderamente: "Antes de que el mundo fuera, yo soy". Así como Dios en su amor por el hombre se identificó tan completamente con el hombre que olvidó que era Dios, así el hombre en su amor por Dios debe identificarse tan completamente con Dios que viva la vida de Dios, es decir, Imaginativamente.

El juego de Dios que transforma al hombre en Dios se nos revela en la Biblia. Es completamente coherente en imágenes y simbolismo. El Nuevo Testamento se esconde en el Antiguo, y lo antiguo se manifiesta en lo nuevo. La Biblia es una visión de la Ley y la Promesa de Dios. Nunca fue concebida para enseñar historia, sino para conducir al hombre en la fe a través de los hornos de la aflicción hasta el cumplimiento de la promesa de Dios, para despertar al hombre de su profundo sueño y despertarlo como Dios. Sus personajes no viven en el pasado, sino en una eternidad imaginativa. Son personificaciones de los estados espirituales eternos del alma. Marcan el viaje del hombre a través de la muerte eterna y su despertar a la vida eterna.

El Antiguo Testamento nos habla de la promesa de Dios. El Nuevo Testamento no nos cuenta cómo se cumplió esta promesa, sino cómo se cumple. El tema central de la Biblia es la experiencia directa, individual y mística del nacimiento del niño, ese niño del que habló el profeta: "Un niño nos es nacido, hijo nos es dado, y el principado sobre su hombro; y se llamará su nombre Admirable Consejero, Dios Fuerte, Padre Eterno, Príncipe de Paz". Lo dilatado de su imperio y la paz no tendrán fin". (Isaías 9:6-7)

Cuando el niño se nos revela, lo vemos, lo experimentamos, y la respuesta a esta revelación puede enunciarse con las palabras de Job: "Oí hablar de ti con el oído, pero ahora mi ojo te ve". La historia de la encarnación no es una fábula, una alegoría o una ficción cuidadosamente elaborada para esclavizar las mentes de los hombres, sino un hecho místico. Es una experiencia mística personal del nacimiento de uno mismo de su propio cráneo, simbolizado en el nacimiento de un niño, envuelto en pañales y tendido en el suelo.

Hay una diferencia entre oír hablar de este nacimiento de un niño de la propia calavera -un nacimiento que ningún científico o historiador podría explicar jamás- y experimentar realmente el nacimiento -tener en tus propias manos y ver con tus propios ojos a este niño milagroso-, un niño nacido de lo alto de tu propia calavera, un nacimiento contrario a todas las leyes de la naturaleza. La pregunta tal como se plantea en el Antiguo Testamento: "Preguntad ahora, y ved, ¿puede un varón dar a luz un hijo? ¿Por qué, pues, veo a todo hombre con sus manos parir como una parturienta? ¿Por qué ha palidecido todo rostro?" (Jer: 30.6) La palabra hebrea "chalats" mal traducida "lomos" significa: sacar, entregar, retirarse uno mismo. Sacarse a uno mismo del propio cráneo era exactamente lo que el profeta preveía como el necesario nacimiento de lo alto, un nacimiento que diera al hombre la entrada en el reino de Dios y la percepción reflexiva en los niveles más elevados del Ser. A través de los tiempos "Lo profundo llama a lo profundo... ¡Levántate! ¿Por qué duermes, Señor? Despierta!"

El acontecimiento, tal como se recoge en los Evangelios, tiene lugar realmente en el hombre. Pero de aquel día o de aquella hora en que llegará el momento de la liberación del individuo, nadie sabe sino el Padre. "No te maravilles de que te dijera: Es necesario nacer de lo alto. El viento sopla donde quiere, y oís su sonido, pero no sabéis de dónde viene ni a dónde va; así sucede con todo aquel que nace del Espíritu." (Juan: 3.7-8)

Esta revelación del Evangelio de Juan es cierta. He aquí mi experiencia de este nacimiento de lo alto. Al igual que

Pablo, no lo recibí del hombre, ni me lo enseñaron. Me llegó a través de la experiencia mística real de nacer de lo alto. Nadie puede hablar verdaderamente de este nacimiento místico de lo alto, sino quien lo ha experimentado. No tenía ni idea de que este nacimiento de lo alto fuera literalmente cierto. ¿Quién, antes de la experiencia, podría creer que el niño, el Maravilloso Consejero, el Dios Poderoso, el Padre Eterno, el Príncipe de la Paz estaba entretejido en su propio cráneo? ¿Quién, antes de la experiencia, comprendería que su Hacedor es su Esposo y el Señor de los Ejércitos es su Nombre? ¿Quién creería que el Creador entró en su propia creación, el hombre, y supo que era él mismo, y que esta entrada en el cráneo del hombre -esta unión de Dios y el hombre- dio como resultado el nacimiento de un Hijo del cráneo del hombre; nacimiento que dio a ese hombre la vida eterna y la unión con su Creador para siempre?

Si ahora cuento lo que viví aquella noche, no lo hago para imponer mis ideas a los demás, sino para dar esperanza a quienes, como Nicodemo, se preguntan ¿cómo puede nacer un hombre siendo viejo? ¿Cómo puede entrar por segunda vez en el vientre de su madre y nacer? ¿Cómo es posible? Así me sucedió a mí. Por tanto, ahora "escribiré la visión"; y "la haré clara sobre tablas, para que corra el que la lea". Porque la visión aún espera su momento; se apresura hasta el fin; no mentirá. Si parece lenta, espérala; sin duda vendrá, no tardará. He aquí que aquel cuya alma no es recta en él fracasará, pero el justo vivirá por su fe". (Hab: 2.2-4)

En las primeras horas de la mañana del 20 de julio de 1959, en la ciudad de San Francisco, un sueño celestial en el que florecían las artes fue súbitamente interrumpido por la más intensa vibración centrada en la base de mi cráneo. Entonces comenzó a desarrollarse un drama, tan real como los que experimento cuando estoy completamente despierto. Desperté de un sueño y me encontré completamente atrapado en mi cráneo. Intenté salir por la fuerza a través de su base. Algo cedió y sentí que me movía cabeza abajo, a través de la base del cráneo. Apreté para salir, centímetro a centímetro. Cuando estaba casi fuera, me agarré a lo que creí que eran los pies de la cama y tiré de lo que quedaba de mí para sacarlo del cráneo. Allí, en el suelo, permanecí unos segundos.

Entonces me levanté y miré mi cuerpo en la cama. Estaba pálido de cara, tumbado boca arriba y sacudiéndose de un lado a otro como quien se recupera de una gran prueba. Mientras lo contemplaba, esperando que no se cayera de la cama, me di cuenta de que la vibración que inició todo el drama no sólo estaba en mi cabeza, sino que ahora también procedía de la esquina de la habitación. Mientras miraba hacia esa esquina me preguntaba si esa vibración podría ser causada por un viento muy fuerte, un viento lo suficientemente fuerte como para hacer vibrar la ventana. No me había dado cuenta de que la vibración que seguía sintiendo en mi cabeza estaba relacionada con la que parecía provenir de la esquina de la habitación.

Al volver la vista hacia la cama, descubrí que mi cuerpo había desaparecido, pero en su lugar estaban sentados mis tres hermanos mayores. Mi hermano mayor se sentó donde estaba la cabeza. El segundo y el tercero estaban sentados donde estaban los pies. Ninguno parecía ser consciente de mí, aunque yo era consciente de ellos y podía discernir sus pensamientos. De repente me di cuenta de la realidad de mi propia invisibilidad. Me di cuenta de que a ellos también les perturbaba la vibración procedente de la esquina de la habitación. Mi tercer hermano era el más perturbado y se acercó a investigar la causa de la perturbación. Su atención fue atraída por algo en el suelo y mirando hacia abajo anunció: "Es el bebé de Neville". Mis otros dos hermanos, con la voz más incrédula, preguntaron: "¿Cómo puede Neville tener un bebé?". Mi hermano levantó al bebé envuelto en pañales y lo puso sobre la cama. Yo, entonces, con mis manos invisibles levanté al bebé y le pregunté "¿Cómo está mi amorcito?". Él me miró a los ojos y sonrió y yo desperté en este mundo para reflexionar sobre esta mayor de mis muchas experiencias místicas.

Tennyson describe a la Muerte como un guerrero, un esqueleto "en lo alto de un caballo negro como la noche" que sale a medianoche. Pero cuando la espada de Gareth cortó el cráneo, había en él ...

"... la cara brillante de un niño floreciente Fresco como una flor
recién nacida".

IDILIOS DEL REY

Contaré otras dos visiones porque corroboran la verdad de mi afirmación de que la Biblia es un hecho místico, que todo lo escrito sobre el niño prometido en la ley de Moisés y los Profetas y los Salmos debe ser experimentado místicamente en la imaginación del individuo. El nacimiento del niño es un signo y un presagio, que señala la resurrección de David, el ungido del Señor, de quien dijo: "Tú eres mi hijo, hoy te he engendrado." Salmos 2:7

Cinco meses después del nacimiento del niño, en la mañana del 6 de diciembre de 1959, en la ciudad de Los Ángeles, comenzó en mi cabeza una vibración similar a la que precedió a su nacimiento. Esta vez su intensidad se centró en la parte superior de mi cabeza. Entonces se produjo una súbita explosión y me encontré en una habitación modestamente amueblada. Allí, apoyado en el lateral de una puerta abierta, estaba mi hijo David, de fama bíblica. Era un muchacho en plena adolescencia. Lo que más me impresionó de él fue la inusual belleza de su rostro y su figura. Era -como se le describe en el primer libro de Samuel- rubicundo, con ojos hermosos y muy apuesto.

Ni por un momento me sentí otra persona que la que soy ahora. Sin embargo, sabía que este muchacho, David, era mi hijo, y él sabía que yo era su padre; porque "la sabiduría de lo alto no tiene incertidumbre". Mientras estaba allí sentado contemplando la belleza de mi hijo, la visión se desvaneció y desperté.

"'Yo y los hijos que el Señor me ha dado somos
signos y portentos en Israel del Señor de los ejércitos, que que habita en el monte Sión". Is. 8.18. Dios me dio a David como mi propio hijo. Yo levantaré a tu hijo después
que saldrá de tu cuerpo, yo seré su padre y él será mi hijo".
padre y él será mi hijo".

2 SAM. 7.12-14.

A Dios no se le conoce de otro modo que a través del Hijo.

"'Nadie sabe quién es el Hijo sino el Padre, ni
es el Padre, sino el Hijo y aquel a quien el Hijo
el Hijo quiera revelárselo".

LUCAS. 10.22.

La experiencia de ser Padre de David es el fin de la peregrinación del hombre en la tierra. El fin de la vida es encontrar al Padre de David, el ungido del Señor, el Cristo. Abner, ¿de quién es hijo este joven? Abner respondió: 'Vive tu alma, oh rey, que no puedo saberlo'. Y el rey dijo: 'Indaga de quién es hijo el mozalbete'. Cuando David regresaba de matar al filisteo, Abner lo tomó y lo llevó ante Saúl con la cabeza del filisteo en la mano. Saúl le dijo: '¿De quién eres hijo, joven?'. David respondió: 'Soy hijo de tu siervo Jesé, el de Belén' (1 Sam: 17.55-58) Jesé es cualquier forma del verbo 'ser'. En otras palabras, Yo Soy el Hijo de quien Yo Soy, Yo soy autoengendrado, Yo Soy el Hijo de Dios, el Padre. Yo y mi Padre somos uno. Soy la imagen del Dios invisible. El que me ha visto, ha visto al Padre.

"'¿De quién es hijo ... ?' no se refiere a David sino al Padre de David, a quien el rey había prometido (1 Sam: 17.25) hacer libre en Israel. Nota: en todos estos pasajes (1 Sam: 17.55,56,58) la pregunta del rey no es sobre David sino sobre el Padre de David. He hallado a David, mi siervo; ... Él clamará a mí: "Tú eres mi Padre, mi Dios, y la Roca de mi salvación. Y le haré primogénito, el más alto de los reyes de la tierra'". (Salmos. 89)

El individuo nacido de lo alto encontrará a David y sabrá que es su propio hijo. Entonces preguntará a los fariseos -que siempre están con nosotros-: "¿Qué pensáis del Cristo? ¿De quién es hijo?". Y cuando le respondan: "El hijo de David". Él les dirá: "¿Cómo es, pues, que David, en el Espíritu, le llama Señor... Si David le llama así Señor, ¿cómo es hijo suyo?". (Mt: 22.41-45) La concepción errónea del hombre sobre el papel del Hijo -que es sólo un signo y un presagio- ha convertido al Hijo en un ídolo. "Hijitos, guardaos de los ídolos". (1 Juan. 5.21)

Dios despierta; y aquel hombre en quien despierta se convierte en padre de su propio padre. El que era hijo de David, "Jesucristo, el hijo de David" (Mt: 1.1) se ha convertido en el Padre de David.

Ya no clamará a "nuestro padre David, tu hijo". (Hch. 4.25) "He encontrado a David". Me ha gritado: "Tú eres mi Padre". (Sal. 89) Ahora me sé uno de los Elohim, el Dios que se hizo hombre, para que el hombre se hiciera Dios. "Grande en verdad, confesamos, es el misterio de nuestra religión". (1 Tim. 3.16) Si la Biblia fuera historia no sería un misterio. "Esperad la promesa del Padre". (Hch. 1.4) es decir, a David -el Hijo de Dios- que te revelará como Padre. Esta promesa, dice Jesús, la oísteis de mí (Lc. 24.49) y a su cumplimiento en aquel momento en que le plazca a Dios daros a su Hijo-como "vuestra descendencia, que es Cristo." (Gal. 3.16)

Una figura retórica se utiliza con el propósito de llamar la atención, enfatizar e intensificar la realidad del sentido literal. La verdad es literal; las palabras utilizadas son figuradas. "La cortina del templo se rasgó en dos, de arriba abajo, y la tierra tembló y las rocas se partieron". (Mt: 27.51)

La mañana del 8 de abril de 1960 -cuatro meses después de que se me revelara que soy el padre de David- un rayo me partió en dos desde la parte superior del cráneo hasta la base de la columna vertebral. Me hendió como si fuera un árbol al que le hubiera caído un rayo. Entonces sentí y me vi como una luz líquida dorada que subía por mi columna vertebral en un movimiento serpentino; al entrar en mi cráneo vibraba como un terremoto.

"Toda palabra de Dios resulta verdadera; él es un escudo para
los que se refugian en él. No añadas a sus
palabras, no sea que te reprenda y te encuentre mentiroso".

"Y como Moisés levantó la serpiente en el desierto, así debe ser levantado el Hijo del hombre".

JUAN. 3.14.

Estas experiencias místicas ayudarán a rescatar la Biblia de lo externo de la historia, de las personas y de los acontecimientos, y a devolverle su significado real en la vida del hombre. La Escritura debe cumplirse "en" nosotros. La promesa de Dios se cumplirá. Tendréis estas experiencias:

"Y seréis mis testigos en Jerusalén y en toda
Judea y Sa-ma-ri-a y hasta lo último de la tierra".

HECHOS. 1.8.

El círculo se amplía: Jerusalén...
Judea ... Samaria
hasta los confines de la tierra es el plan de Dios.

La Promesa todavía está madurando a su tiempo, su tiempo señalado, pero cuánto tiempo, vastas y severas las pruebas e're usted encuentra David, su hijo, que le revelará como Dios, El Padre, eran mucho tiempo para contar; pero se apresura hasta el final; no fallará. Así que espera, pues no habrá aplazamiento.

"¿Hay algo demasiado maravilloso para el Señor? Al tiempo señalado volveré a ti, en primavera,
y Sara tendrá un hijo".

GN. 18:14.

PREGUNTAS Y RESPUESTAS PARA LA REFLEXIÓN

1. ¿Qué significa la frase "nacido de arriba" en tu camino espiritual personal?

- **Respuesta:** La frase "nacido de arriba" significa una experiencia transformadora en la que tomo conciencia de mi conexión con lo divino. Representa un cambio de percepción donde me doy cuenta de que no solo soy un ser físico sino también espiritual, capaz de manifestar mis deseos a través de mi imaginación y comprender mi identidad como parte de un todo mayor.

-

2. ¿Cómo las experiencias místicas descritas en el capítulo desafían tu comprensión de la realidad y la imaginación?

- **Respuesta:** Estas experiencias místicas me desafían a ver la realidad como una construcción fluida moldeada por mi imaginación. Me invitan a cuestionar los límites que he puesto en torno a lo que es posible, animándome a creer en el poder de mis pensamientos y visiones para crear y manifestar experiencias que se alineen con mis deseos más profundos y la promesa divina.

-

3. ¿De qué manera el capítulo resuena con tus propias experiencias de amor y conexión?

- **Respuesta:** El capítulo resuena con mis experiencias del amor como una conexión profunda que trasciende la comprensión humana. Así como el autor describe fusionarse con el Amor infinito, recuerdo momentos en los que sentí una abrumadora sensación de unidad con los demás o con el universo. Estos momentos me recuerdan que el amor verdadero es transformador y refleja una esencia divina que nos une a todos.

-

4. ¿Cuál crees que es el significado de que Dios muera para otorgarle al hombre vida y libertad?

- **Respuesta:** El significado radica en la profundidad del sacrificio y la naturaleza transformadora del amor. Ilustra que el amor verdadero implica vulnerabilidad y altruismo. Al morir por la humanidad, Dios muestra que mediante la entrega y la aceptación de nuestra experiencia humana, podemos alcanzar una comprensión más elevada y, en última instancia, alcanzar nuestro máximo potencial.

-

5. ¿Cómo habla la imagen del niño que nace del propio cráneo de la naturaleza de la creatividad y la imaginación?

- **Respuesta:** Las imágenes simbolizan que nuestras mayores creaciones y transformaciones se originan dentro de nosotros. Así como un niño emerge de las profundidades de la mente, nuestras ideas y sueños nacen de nuestras facultades imaginativas. Esto refuerza la noción de que somos cocreadores con lo divino, capaces de manifestar nuestras realidades a través del pensamiento y la intención enfocados.

-

6. Reflexione sobre la relación entre el sufrimiento y el cumplimiento de la promesa de Dios como se describe en el capítulo.

- **Respuesta:** La relación sugiere que el sufrimiento es una parte integral de la experiencia humana que puede conducir a un crecimiento y un despertar profundos. Es a través de nuestras luchas que a menudo descubrimos verdades más profundas sobre nosotros mismos y nuestra conexión con lo divino, y en última instancia, hacemos realidad la promesa de transformación y resurrección que Dios nos ofrece.

-

7. ¿Qué papel juega la fe en el cumplimiento de las promesas mencionadas en el capítulo?

- **Respuesta:** La fe sirve de puente entre nuestra realidad actual y el cumplimiento de las promesas de Dios. Nos permite creer en lo que aún no podemos ver y actuar según nuestros deseos como si ya estuvieran manifestados. La fe alimenta nuestra capacidad de involucrarnos imaginativamente con la vida y confiar en el proceso de nuestra transformación.

TEMAS CLAVE

LA IMAGINACIÓN COMO PODER CREADOR

Neville Goddard, en sus enseñanzas, enfatiza la imaginación como el poder creativo clave que da forma a la realidad que experimentamos. Afirma que la imaginación no es simplemente una actividad mental pasiva, sino más bien la fuerza fundamental que manifiesta los acontecimientos físicos. En su trabajo, Goddard ilustra este concepto contando múltiples historias que demuestran los resultados tangibles de imaginar con convicción emocional.

Desde esta perspectiva, la imaginación es la fuente de la creación misma. Goddard explica que al imaginar vívidamente un resultado deseado con profunda emoción, una persona puede influir en el mundo externo para hacer realidad ese resultado. Este principio es central en la filosofía de Goddard y subraya la noción de que el mundo exterior es un reflejo de nuestros actos imaginales internos, ya sean conscientes o inconscientes. Sus historias brindan ejemplos del mundo real de personas que lograron alterar sus circunstancias (ya sean relaciones, finanzas o salud) mediante el uso enfocado de la imaginación.

La imaginación, según Goddard, opera en diferentes niveles de intensidad. Cuando está "alto", lo que significa que es vívido y cargado de emociones, los resultados pueden manifestarse rápida y dramáticamente. Por otro lado, cuando la imaginación está "baja", los resultados pueden tardar más en aparecer, pero el principio sigue siendo el mismo: el mundo externo refleja los actos imaginales internos. Esta creencia tiene sus raíces en la idea de que nada continúa existiendo a menos que esté respaldado por una actividad imaginativa estable, lo que hace que la imaginación sea la fuerza impulsora detrás de todos los acontecimientos de la vida (la-ley-y-la-promesa...).

-

VIVIR AL FINAL

El principio de Neville Goddard de "vivir al final" es una de las enseñanzas más transformadoras de su obra. Aconseja a las personas que se coloquen mentalmente en el estado de haber alcanzado ya sus deseos. Al hacerlo, alinean sus pensamientos, emociones y creencias con la realidad que desean crear, lo que hace que la manifestación de sus objetivos sea más probable. Goddard enfatiza que en lugar de pensar en su deseo, los individuos deberían pensar en él, como si ya fuera cierto.

En este enfoque, la atención se centra en el sentimiento del deseo cumplido, que constituye el aspecto más crítico de la práctica. Según Goddard, este sentimiento de plenitud, si se mantiene, actúa como una poderosa herramienta para cambiar las circunstancias externas. Al vivir en el estado final de su deseo, los individuos construyen mentalmente y experimentan su realidad deseada en la imaginación, que eventualmente se manifiesta en su mundo físico. El acto imaginativo de "morar" mentalmente en un resultado deseado no sólo da forma a eventos futuros sino que también crea un puente de incidentes que conducen naturalmente hacia el cumplimiento del escenario imaginado.

Neville ilustra este concepto a través de historias de la vida real de personas que transformaron con éxito sus circunstancias viviendo mentalmente como si su deseo ya se hubiera concedido. Ya sea manifestando riqueza, un nuevo hogar o relaciones personales satisfactorias, aquellos que practicaban este principio descubrieron que su imaginación enfocada provocaba cambios en el mundo real que se alineaban con sus deseos (la-ley-y-la-promesa...) (el -la-ley-y-la-promesa...).

-

REVISIÓN DEL PASADO

El concepto de "Revisión del pasado" de Neville Goddard juega un papel fundamental en su filosofía, destacando el poder de la imaginación para alterar no sólo eventos futuros sino también experiencias pasadas. Goddard anima a las personas a revisitar y revisar mentalmente acontecimientos pasados indeseables imaginando un resultado diferente y más positivo. A través de este proceso, el pasado no es fijo, sino más bien maleable, y revisándolo en la imaginación, uno puede influir en los resultados presentes y futuros.

Goddard ofrece varios ejemplos en los que las personas aplicaron este principio para cambiar sus circunstancias. Explica que el pasado existe sólo en la memoria y, como tal, no es permanente. Al cambiar la memoria mediante un esfuerzo consciente, los individuos pueden remodelar sus experiencias presentes. En una historia, una mujer que padecía una enfermedad física de larga data revisó el recuerdo de un accidente de su infancia. Al imaginar continuamente un resultado diferente del evento, finalmente pudo curarse de la condición que la había atormentado durante décadas (la-ley-y-la-promesa...).

Esta idea desafía las nociones convencionales de tiempo y causalidad, sugiriendo que el presente es un reflejo de actos imaginales del pasado no sanados o no resueltos. Al reescribir eventos pasados en la imaginación, las personas pueden deshacer la influencia de los recuerdos negativos en su realidad actual. Goddard afirma que la mente puede almacenar un pasado revisado, y esta memoria revisada influirá en los resultados presentes, permitiendo a los individuos trascender las limitaciones de las experiencias pasadas (la-ley-y-la-promesa...).

El concepto de "Revisión" de Goddard destaca la relación dinámica entre la imaginación, la memoria y la realidad, y el potencial de los individuos para recrear su pasado para alinearlo con su presente y futuro deseados. Esta filosofía subraya el poder de la imaginación humana para remodelar no sólo lo que está por venir, sino también lo que ya ocurrió, reforzando la idea de que la realidad es un producto de la mente (la-ley-y-la-promesa...) (la- la ley y la promesa...).

FE Y PERSISTENCIA

Neville Goddard enfatiza los conceptos de Fe y Persistencia como componentes esenciales de sus enseñanzas sobre la manifestación. En su opinión, la fe representa una confianza inquebrantable en el poder de la imaginación para crear la realidad, independientemente de las circunstancias externas actuales. Insiste en que el mundo que percibimos externamente es un reflejo de nuestro estado mental interior. Por lo tanto, para manifestar un resultado deseado, uno debe tener fe en el acto imaginal mismo, incluso cuando no haya evidencia externa inmediata de su cumplimiento.

Según Goddard, la creencia persistente es crucial en el proceso de manifestación. Enseña que los individuos deben persistir en su creencia en el escenario imaginado y continuar "viviendo al final" incluso cuando no se produzcan cambios visibles en el mundo físico. Esta persistencia eventualmente trae el resultado deseado a forma material. Goddard también hace una distinción entre caminar por fe y caminar por vista. Anima a sus lectores a confiar no en lo que les muestran sus sentidos físicos, sino en la visión interior de lo que ya han creado en su imaginación.

La fe, para Goddard, no es un compromiso pasivo sino activo con la imaginación. Requiere autoabandono al estado deseado, es decir, que los individuos deben sumergirse en el sentimiento del deseo cumplido. Al alinear emociones y pensamientos con este acto imaginal, establecen las condiciones para la manifestación. Neville también destaca que la fe, combinada con el amor, conduce a lo que él llama "autocomisión", que describe como el compromiso profundo de encarnar el estado deseado hasta que se convierta en realidad (la-ley-y-la-promesa...) (la-ley-y-la-promesa...)(la-ley-y-la-promesa...).

-

NO HAY DISTINCIÓN ENTRE FICCIÓN Y REALIDAD

Neville Goddard, en su exploración del tema "No hay distinción entre ficción y realidad", desafía la separación convencional entre escenarios imaginados y lo que se considera real. Postula que no existe una verdadera ficción y afirma que todo lo concebido en la imaginación tiene el potencial de manifestarse en forma física. Para Goddard, la imaginación no es un ejercicio mental pasivo sino la fuerza creativa que influye directamente en el mundo exterior.

El principio de Goddard afirma que lo que hoy consideramos "ficción" puede convertirse en realidad mañana, destacando la poderosa causalidad entre pensamiento y experiencia. Sostiene que los acontecimientos en el mundo físico surgen de actos imaginales internos, lo que significa que el origen de las circunstancias de la vida tiene sus raíces en el estado mental de un individuo, no en factores externos. Este tema se demuestra a lo largo de su libro con numerosas historias de personas que imaginaron resultados específicos, sólo para presenciar cómo se materializaban más tarde.

Un ejemplo que presenta Goddard es la historia del autor Morgan Robertson, quien escribió una novela en 1898 sobre un gran transatlántico llamado Titán que se hundió después de chocar contra un iceberg. Sorprendentemente, este relato ficticio tiene un sorprendente parecido con la tragedia real del Titanic, que ocurrió catorce años después. Para Goddard, tales sucesos no son meras coincidencias sino ejemplos de la imaginación que da forma a la realidad futura (la-ley-y-la-promesa...).

La conclusión de Goddard es clara: al comprender que todos los acontecimientos tienen sus raíces en la imaginación, los individuos pueden tomar el control de sus vidas y crear conscientemente los resultados que desean. Esta perspectiva desmantela la noción de una realidad objetiva separada de la mente y establece la imaginación como la fuente última de todas las experiencias vividas.

-

LA IMAGINACIÓN COMO PODER DIVINO

Neville Goddard conecta la imaginación con la divinidad y enseña que el poder creativo inherente a la imaginación humana es un reflejo directo de la propia fuerza creativa de Dios. Este concepto es central en la filosofía de Goddard, ya que sugiere que los humanos no son observadores pasivos de su realidad sino cocreadores activos, que dan forma a su mundo a través de sus actos imaginales.

Destaca que no hay distinción entre la imaginación divina y la imaginación humana. La diferencia radica únicamente en el grado de intensidad con el que se ejerce este poder creativo. En niveles altos de intensidad, los actos imaginales pueden conducir a resultados casi inmediatos, mientras que en niveles más bajos, los resultados se manifiestan más lentamente con el tiempo (la-ley-y-la-promesa...).

Para Goddard, la imaginación no es sólo una herramienta personal; es un poder divino que permite a los humanos dirigir y dar forma conscientemente a sus experiencias. Con frecuencia cita ejemplos en los que personas que encarnan profundamente su estado deseado en la imaginación, como si ya estuviera realizado, son testigos de cómo sus escenarios imaginados se convierten en realidad. Este poder creativo, según Goddard, surge de la propia naturaleza divina de Dios, lo que sugiere que cuando los humanos usan su imaginación, esencialmente participan en el acto de la creación de la misma manera que Dios crea (la-ley-y-la-promesa...).

Al alinear los actos imaginales con el sentimiento del deseo cumplido, Goddard enseña que los individuos participan en el acto divino supremo, haciendo de sus sueños y deseos una realidad viva. Esta filosofía refleja profundamente el concepto de que todos los seres humanos poseen dentro de sí mismos el mismo poder creativo que la fuente divina (la-ley-y-la-promesa...).

-

SUPERAR LAS LIMITACIONES EXTERNAS

En la obra de Neville Goddard, el concepto de superación de las limitaciones externas es crucial para ilustrar cómo se pueden trascender los límites percibidos impuestos por circunstancias externas. Goddard insiste en que cualquier situación externa puede transformarse cambiando el estado interior a través de la imaginación. Según sus enseñanzas, no son las condiciones externas las que dictan la realidad de uno, sino más bien los actos imaginales internos que dan forma y moldean el mundo externo. Alienta a las personas a tomar el control de sus vidas imaginarias en lugar de sucumbir a las aparentes limitaciones que presenta el mundo exterior.

La filosofía de Goddard rechaza la creencia común de que las fuerzas externas, como las expectativas sociales, las limitaciones financieras o las condiciones físicas, son permanentes o inmutables. En cambio, postula que al participar en una imaginación vívida y persistente, donde uno se ve y siente que ya vive en la realidad deseada, estas limitaciones externas se disuelven. El concepto tiene sus raíces en la idea de que la imaginación es la verdadera realidad, mientras que el mundo externo es simplemente un reflejo de los estados internos. Al alinear continuamente los pensamientos y emociones de uno con el estado de realización imaginado, las circunstancias externas inevitablemente se transformarán para coincidir con esa visión interna.

Goddard proporciona numerosos ejemplos de personas que superan obstáculos importantes (dificultades financieras, enfermedades o luchas en las relaciones) centrándose en su mundo interno e imaginando un resultado diferente. Afirma que la clave de esta transformación es la persistencia en el acto imaginal. Incluso cuando la evidencia externa sugiere que no se está produciendo ningún cambio, la creencia continua y el compromiso emocional en el resultado imaginado eventualmente cambiarán la realidad externa para reflejar el nuevo estado interno (la-ley-y-la-promesa...) (la-ley-y-la-promesa...) -la-promesa…).

CONCLUSIÓN

Resumen De Los Principios Clave:
Las enseñanzas de Neville Goddard enfatizan el profundo poder de la imaginación como herramienta para moldear la realidad. Al dirigir conscientemente los pensamientos y emociones hacia un resultado deseado, las personas pueden manifestar sus deseos en experiencias tangibles. Goddard sostiene que la imaginación es la fuerza creativa clave en la vida, y que alinearla con sus deseos le permite lograr la transformación y la realización personales.

PLAN DE ACCIÓN PARA LA APLICACIÓN DIARIA

1. Practica "Vivir en el final":
 - Empiece cada día visualizando el resultado deseado como si ya hubiera sucedido. Utiliza imágenes vívidas, involucra tus sentidos y siente las emociones asociadas a haber logrado tu objetivo.

2. Revise:
 - Al final de cada día, revisa mentalmente cualquier acontecimiento o experiencia no deseados imaginándolos como te hubiera gustado que se desarrollaran. Esta práctica ayuda a remodelar el futuro alterando tus percepciones del pasado.

3. Comprométase con la visualización diaria:
 - Dedica un tiempo cada día a practicar la visualización creativa. Ya sea durante unos minutos por la mañana o antes de acostarse, sumérjase en la sensación de su deseo cumplido.

4. Cultiva la fe y la paciencia:
 - Confía en que tus actos imaginarios están poniendo en marcha los acontecimientos, aunque no veas resultados inmediatos. Sé persistente y mantén la fe en que lo que imaginas acabará manifestándose.

5. Controle sus pensamientos:
   - A lo largo del día, sea consciente de sus pensamientos y creencias. Redirige los pensamientos negativos o limitantes hacia actos imaginarios positivos y creativos que se alineen con tus deseos.

GLOSARIO DE CONCEPTOS CLAVE

1. La imaginación:
- La fuerza creativa central que da forma a la realidad. Según Goddard, todo en la vida es producto de nuestros actos imaginales, seamos o no conscientes de ello.

2. Vivir en el fin:
- Práctica en la que uno imagina y siente como si el resultado deseado ya se hubiera alcanzado. Es una forma de alinear pensamientos y emociones con el futuro deseado.

3. Revisión:
- El proceso de alterar mentalmente los acontecimientos pasados para remodelar los resultados futuros. Al revisar recuerdos negativos o no deseados en la imaginación, uno puede cambiar sus circunstancias futuras.

4. Deseo cumplido:
- El estado de ser que uno debe encarnar en la imaginación, donde el individuo cree y siente que su deseo ya se ha realizado.

5. Asunción:
- El acto de aceptar una realidad deseada como verdadera en la imaginación, independientemente de las condiciones externas actuales. Persistir en esta suposición conduce a su manifestación en la realidad.

6. Fe:
- Confiar en el poder de la imaginación para crear la realidad. Es la confianza en que los actos imaginarios producirán resultados en el mundo real, incluso sin pruebas inmediatas.

7. Poder creativo:
- La capacidad de la imaginación humana para dar forma y transformar la realidad. Goddard enseña que este poder es divino e inherente a cada individuo.

8. Sensación espiritual:
- Utilización de los sentidos (vista, oído, tacto, etc.) en la imaginación para que el resultado deseado parezca real. Esto amplifica la eficacia de los actos imaginarios.

9. Abandono de uno mismo:
- Abandonar la duda y comprometerse plenamente con la sensación del deseo cumplido. Esto implica sumergirse en la experiencia imaginada del deseo como si ya fuera realidad.

10. Ley de la atracción:
- Aunque no se nombra explícitamente en las obras de Goddard, está estrechamente relacionada con la idea de que imaginar tus deseos con convicción emocional los atraerá a tu realidad.

LECTURAS RECOMENDADAS

1. "El poder de la conciencia" de Neville Goddard:
- Otra obra imprescindible de Goddard que profundiza en el concepto de "conciencia" y cómo este conforma la realidad. Proporciona conocimientos más prácticos sobre la aplicación de sus enseñanzas en la vida cotidiana.

2. "Piense y hágase rico" de Napoleon Hill:
- Este libro clásico de autoayuda se centra en los principios del éxito y la creación de riqueza a través del poder del pensamiento, la visualización y el deseo persistente, haciéndose eco de muchos de los principios de Goddard.

3. "Como piensa un hombre" de James Allen:
- Un texto fundamental sobre el poder del pensamiento y su influencia en el carácter, las circunstancias y el destino. Comparte temas con las ideas de Goddard de que la imaginación crea la realidad.

4. "La ciencia de hacerse rico" de Wallace D. Wattles:
- Este libro explora la idea de que pensar de cierta manera, junto con una imaginación enfocada, puede conducir a la riqueza y el éxito. A menudo se considera un precursor de los trabajos modernos sobre la ley de la atracción.

5. "El secreto" de Rhonda Byrne:
- Al popularizar el concepto de la ley de la atracción, este libro se alinea con las enseñanzas de Goddard sobre visualización y manifestación a través del pensamiento y las creencias positivas.

6. "El juego de la vida y cómo jugarlo" de Florence Scovel Shinn:
- Otro clásico espiritual que enseña el poder de los pensamientos y afirmaciones positivas para manifestar los deseos, similar al trabajo de Goddard.

7. "Romper el hábito de ser uno mismo" del Dr. Joe Dispenza :
- Un trabajo más reciente que combina la neurociencia, la física cuántica y el poder de la mente para remodelar la realidad, este libro es paralelo a las ideas de Goddard sobre la imaginación y la concentración mental.

8. "La ley de la atracción" de Esther y Jerry Hicks:
- Este libro proporciona una interpretación más moderna de la ley de la atracción, que se alinea estrechamente con la filosofía de Goddard de manifestarse a través del pensamiento y la emoción.

CRONOLOGÍA DE LA VIDA DE NEVILLE GODDARD

1905:
- Neville Lancelot Goddard nació el 19 de febrero en St. Michael, Barbados, en el seno de una familia británica. Es el cuarto hijo de una familia de nueve varones y una niña.

1922:
- A los 17 años, Neville se muda a la ciudad de Nueva York para estudiar teatro. Trabaja como actor y bailarín en el escenario y en películas mudas, actuando en Broadway, en películas mudas y haciendo giras por Europa con una compañía de danza.

1923:
- Neville se casa brevemente con Mildred Mary Hughes. Tienen un hijo, Joseph Goddard, nacido en 1924.

1929:
- Neville marca este año como el inicio de su viaje místico. Recuerda una experiencia espiritual: "Fui llevado en espíritu al Consejo Divino donde los dioses conversan".

1931:
- Después de años de estudiar lo oculto, Neville conoce a su maestro Abdullah, un hombre negro con turbante y de ascendencia judía. Trabajan juntos durante cinco años en la ciudad de Nueva York.

1938:
- Neville comienza su propia carrera como docente y conferenciante, compartiendo sus conocimientos místicos.

1939:
- Neville publica su primer libro, A Tus Órdenes.

1940-1941:
- Neville conoce a su segunda esposa, Catherine Willa Van Schumus .

1941:
- Neville publica su segundo libro, Tu Fe es tu Fortuna.

1942:
- Neville se casa con Catherine y tienen una hija, Victoria, más tarde ese mismo año. También publica Libertad Para Todos: una aplicación práctica de la Biblia.

1942-1943:
- De noviembre a marzo, Neville sirve en el ejército y luego regresa a Greenwich Village, Nueva York. En 1943, aparece un perfil suyo en The New Yorker.

1944:
- Neville publica Sentir es el Secreto.

1945:
- Neville publica Plegaria: El Arte De Creer.

1946:
- Neville conoce al filósofo Israel Regardie, quien lo perfila en El romance de la metafísica. También publica un panfleto, La Búsqueda.

1948:
- Neville imparte sus famosas conferencias "Cinco Lecciones" en Los Ángeles, que luego se publican póstumamente como libro.

1949:
- Neville publica Fuera de este Mundo: Pensar en cuarta dimensión.

1952:
- Neville publica El Poder de la Conciencia.

1954:
- Neville publica Imaginación Despierta.

1955:
- Neville comienza a presentar programas de radio y televisión en Los Ángeles.

1956:
- Neville publica Semilla y cosecha: Una visión mística de las Escrituras.

1959:
- Neville experimenta un profundo evento místico, describiéndolo como un renacimiento de su propio cráneo, seguido de otras experiencias místicas.

1960:
- Neville lanza un álbum de palabra hablada.

1961:
- Neville publica La Ley y La Promesa. El capítulo final, "La Promesa", detalla la experiencia mística de 1959 y las experiencias posteriores.

1964:
- Neville publica el panfleto Rompe la Cáscara: Una Lección En Las Escrituras.

1966:
- Neville publica su último libro completo, Resurrección, que describe su visión mística y el potencial de la humanidad para realizar su naturaleza divina.

1972:
- Neville muere el 1 de octubre a los 67 años en West Hollywood, al parecer de un ataque cardíaco. Está enterrado en la parcela familiar en St. Michael, Barbados.

ACERCA DE LOS AUTORES

Neville Goddard
Fue un pensador místico profundo e influyente del siglo XX. Sus enseñanzas se centraban en el concepto radical y empoderador de que la imaginación humana es la verdadera manifestación de Dios. Creía que todo en la vida de una persona, ya sea positivo o negativo, es resultado de sus pensamientos, sentimientos y estados imaginativos.

La infancia de Neville estuvo marcada por su crianza en Barbados, donde nació en 1905 en una familia anglicana. A los 17 años, se mudó a la ciudad de Nueva York en 1922 para dedicarse al teatro. Aunque alcanzó el éxito como actor y bailarín, actuando en Broadway y en películas mudas, su vida dio un giro radical a principios de la década de 1930. Dejó atrás su carrera de actor para sumergirse en el estudio de la metafísica.

Bajo la influencia de su mentor, Abdullah, una misteriosa figura de ascendencia africana y judía, Neville comenzó a explorar principios espirituales profundos que combinaban el cristianismo con el misticismo. Se embarcó en una carrera como escritor y conferenciante, utilizando su carisma e intelecto para dar charlas impactantes en iglesias metafísicas, centros espirituales y lugares públicos. Sus enseñanzas se centraban especialmente en el poder del pensamiento y la imaginación como la fuerza creativa suprema.

A pesar de no alcanzar una fama generalizada durante su vida, la influencia de Neville ha crecido significativamente desde su muerte en 1972. Sus obras, en particular sus libros como Sentir Es El Secreto, El Poder De La Conciencia y La Ley y La Promesa, ahora se consideran precursores de las ideas modernas sobre la mecánica cuántica y el poder de la conciencia para dar forma a la realidad.

Las ideas de Neville también han inspirado a pensadores y autores espirituales contemporáneos, entre ellos Carlos Castaneda y Joseph Murphy, quienes desarrollaron temas similares en sus propias obras. Hoy en día, sus enseñanzas son ampliamente consideradas como atemporales y siguen atrayendo a un público cada vez mayor que busca aprovechar el potencial creativo de la mente.

Imaginatio Divina Editorial
Creemos que el poder de la creación reside en cada uno de nosotros. Inspirados por las profundas enseñanzas de Neville Goddard, promovemos la transformación de la vida a través del poder de la imaginación y la conciencia. Nuestra editorial se dedica a publicar obras que revelan la capacidad innata de los individuos para dar forma a su realidad a través del pensamiento consciente y la fe interior. Cada libro, cada palabra, tiene como objetivo guiar a los lectores hacia el descubrimiento de su naturaleza divina y su poder creativo, en línea con la filosofía de que "la imaginación es Dios en acción".

Milton Keynes UK
Ingram Content Group UK Ltd.
UKHW020909111124
451035UK00018B/1485